AKAL / A FONDO

Director de la colección
Pascual Serrano

Diseño interior y cubierta: RAG

Reservados todos los derechos. De acuerdo a lo dispuesto en el art. 270 del Código Penal, podrán ser castigados con penas de multa y privación de libertad quienes sin la preceptiva autorización reproduzcan, plagien, distribuyan o comuniquen públicamente, en todo o en parte, una obra literaria, artística o científica, fijada en cualquier tipo de soporte.

© Josefina Luzuriaga Martínez, Cynthia Luz Burgueño, 2019

© del prólogo, Andrea D'Atri

© Ediciones Akal, S. A., 2019
Sector Foresta, 1
28760 Tres Cantos
Madrid - España
Tel.: 918 061 996
Fax: 918 044 028
www.akal.com

ISBN: 978-84-460-4798-8
Depósito legal: M-35.113-2019

Impreso en España

Josefina L. Martínez
Cynthia Luz Burgueño

PATRIARCADO Y CAPITALISMO
Feminismo, clase y diversidad

ARGENTINA / ESPAÑA / MÉXICO

AGRADECIMIENTOS

Este libro es fruto de debates colectivos, de lecturas críticas y de militancia común junto al colectivo de mujeres Pan y Rosas, participando en las asambleas del 8M, en comisiones de inmigrantes, en huelgas y movilizaciones. Lo dedicamos especialmente a todas las amigas y compañeras con las que luchamos por una vida sin cadenas, sin opresión de ningún tipo. Para Miriam, Vania, Neris, Marisol, Rita, Luisi y Raquel, que compartieron con nosotras sus experiencias como mujeres trabajadoras y cuyos testimonios son parte de este libro.

Agradecemos la lectura cuidadosa y los comentarios de Andrea D'Atri, Celeste Murillo, Ariane Díaz, Lucía Nistal, Clara Mallo y Verónica Landa. A Diego Lotito y Federico Bronenberg, agradecimientos por mucho.

Esperamos que estas páginas sean un pequeño aporte para encontrar caminos de emancipación, especialmente para muchas de esas «pibas» y jóvenes que están empezando a rebelarse en todo el mundo, aquellas que no le deben nada a este sistema capitalista patriarcal.

PRÓLOGO

El 8 de agosto de 2018, una multitud se dio cita, nuevamente, en los alrededores del Congreso Nacional en Argentina. Ni las ráfagas de viento helado ni la lluvia torrencial que se abatieron ese día sobre la Ciudad de Buenos Aires impidieron que más de un millón de manifestantes esperáramos, a la intemperie, la decisión del Senado sobre el proyecto de legalización del aborto que ya había obtenido media sanción.

En algún momento de esa larga jornada parlamentaria de más de 16 horas, en Santiago de Compostela, Josefina Martínez tomaba su paraguas violeta para dirigirse a la Plaza de Obradoiro. Bajo la lluvia más amigable del verano europeo, las feministas gallegas se reunían frente a la catedral para manifestar su apoyo a la lucha de las argentinas. En Barcelona, mientras tanto, Cynthia Burgueño se dirigía a Passeig de Gràcia, donde las feministas catalanas entregaban un petitorio en el consulado argentino, bajo un sol abrasador. Luego marcharían a la Plaça de Sant Jaume para solidarizarse con el reclamo de esa marea verde y juvenil que crecía en los alrededores del parlamento argentino y se derramaba frente al Palau de la Generalitat, inundando también las calles de México, Berlín, São Paulo, París, Santiago de Chile, Londres, San José, Milán, La Paz, Viena, Lima, Tokio...

Las autoras de este libro fueron parte de esa marea feminista internacional que nos abrazó cálidamente a las argentinas en aquel día invernal, cuando a las bajas temperaturas se les sumó la gélida decisión del Senado de seguir perpetuando la muerte de las mujeres más pobres en abortos clandestinos e inseguros. Pero, si bien se trató de una primera derrota del movimiento de mujeres por la legalización del aborto en mi país, al mismo tiempo se fortaleció lo que ya resultaba evidente: el feminismo se estaba transformando en un movimiento internacional, capaz de coordinar acciones multitudinarias como las del 8 de marzo; convocar huelgas y presionar a las direcciones sindicales burocratizadas renuentes a incorporar sus demandas en los pliegos de reivindicaciones gremiales; y solidarizarse con las norteamericanas que repudiaban a Trump en Washington, con las brasileñas que salieron a la calle para enfrentarse al derechista Bolsonaro o con las andaluzas que le dijeron a Vox que la ultraderecha no pasaría sobre sus derechos.

Este movimiento es esencialmente juvenil. No porque no haya mujeres de distintas edades participando activamente, sino porque desde que en Argentina «las pibas» irrumpieron en las calles para teñirlas de verde, una nueva generación tomó las banderas del feminismo en sus manos en otros países. Jóvenes manos que no palparon la radicalidad de aquella época de la Segunda Ola Feminista, pero tampoco cargaron con la pesada derrota de las décadas del neoliberalismo. Este movimiento es, además, internacional y diverso. No sólo porque las experiencias, los recorridos y las culturas de las manifestantes difieren de país en país, de región en región, sino especialmente porque es un movimiento multívoco, en el que se expresan diferentes opiniones, corrientes teóricas y políticas, programas y prácticas que se reivindican igualmente feministas. De esta diversidad surgen debates enriquecedores y no pocas tensiones, porque es indiscutible no sólo el internacionalismo que adquirió el movimiento, sino también el carácter político de sus manifestaciones que genera controversias, discusiones, búsquedas de consenso y diferencias irreconciliables. Pero destaco los aspectos del internacionalismo y la politización: dos elementos muy contrastantes con las décadas pasadas de hegemonía de un feminismo neoliberal despolitizado y despolitizante, donde los derechos eran visualizados, exclusivamente, a través del prisma del individualismo y la meritocracia.

Hoy, algunos sectores de este movimiento feminista que sale a las calles a manifestar su indignación y sus reclamos, su bronca y sus esperanzas, se define anticapitalista. Y aunque esta definición tampoco sea unívoca ni muy precisa, es un claro indicio de que aquella hegemonía neoliberal empieza a resquebrajarse; que la sospecha de algún tipo de unidad estructural o de alianza difícil de definir entre capitalismo y patriarcado se ha instalado con razón.

Josefina Martínez y Cynthia Burgueño buscan en estas páginas mostrarnos en qué consiste esa alianza que las mujeres movilizadas perciben como criminal. Lo hacen desde la perspectiva de un feminismo anticapitalista que, tampoco casualmente, empieza a hacerse oír en un mundo donde –por primera vez en la historia– las mujeres constituyen poco menos de la mitad de la clase asalariada, sin dejar de ser las que mayoritariamente garantizan el trabajo de reproducción gratuito en los hogares familiares, como lo han hecho por milenios. Son 1.300 millones de mujeres trabajadoras que nada comparten con magnates multimillonarias, anacrónicas aristócratas o las CEO de grandes multinacionales.

En este anárquico modo de producción, donde ocho hombres acumulan una cantidad de dinero equivalente a lo que, en el otro extremo, apenas alcanza para sobrevivir a 3.500 millones de personas, es irrisorio negarse obtusamente a pensar en la existencia de las clases sociales. Y si el 70 por 100 de esos millones de pobres son mujeres y niñas, no se puede obviar el género. ¿Es posible pensar la emancipación de las mujeres eludiendo este nudo vital del funcionamiento de la sociedad en la que vivimos? ¿Cuál será el impacto que las luchas de las mujeres en los espacios de la reproducción tendrán sobre las luchas de una clase obrera cada vez más feminizada? ¿De qué manera el empoderamiento de las mujeres, a través de esta reemergencia del feminismo a nivel mundial, impactará sobre las mujeres explotadas y cuáles serán las consecuencias para un sindicalismo mayoritariamente masculino, muchas veces incapaz de incorporar a los sectores más oprimidos de la clase?

Mientras otras feministas se concentran en el techo de cristal que, invisiblemente, limita la trayectoria de algunas pocas y privilegiadas mujeres, las autoras nos proponen pensar en el suelo pegajoso del cual no pueden despegarse millones de precarizadas obligadas a dejar su salud y sus vidas en los trabajos peor pagados. Y así como la derecha señala con descaro a los extranjeros como responsables de todos los males que aquejan a las mayorías populares, Josefina Martínez y Cynthia Burgueño nos traen los testimonios de las mujeres migrantes triplemente oprimidas e insolentemente combativas. La violencia de género, la prostitución y la sexualidad son también otros de los temas que, desde la perspectiva del feminismo marxista, se despliegan en estas páginas, invitándonos a desentrañar de qué múltiples maneras las clases sociales y los géneros se anudan tanto en las opresiones como en las posibilidades de emancipación.

Porque, frente al panorama de destrucción, miseria y oprobios que nos depara el capitalismo patriarcal, las autoras nos muestran no sólo cuáles son las causas que nos trajeron hasta aquí o los resortes del cruel funcionamiento actual de este sistema. También nos invitan a descubrir dónde radica la fuerza capaz de dar la vuelta a la tortilla y sumarnos, entonces, a la lucha por el pan y por las rosas, para que el mundo deje de estar patas arriba y la Humanidad se plante sobre sus pies, estirando sus brazos hacia el cielo hasta tomarlo por asalto.

Andrea D'Atri, agosto de 2019

I
EL FEMINISMO NEOLIBERAL DE ANA BOTÍN Y LOS TECHOS DE CRISTAL

En el corazón de Silicon Valley, al norte de California, se encuentran las oficinas centrales de Facebook. Las instalaciones diseñadas por el arquitecto Frank Gehry –autor del Museo Guggenheim de Bilbao– ocupan más de 40.000 metros cuadrados en un predio que alberga un jardín natural con cientos de árboles. En uno de aquellos edificios con techos de cristal tiene su despacho la CEO de Facebook, Sheryl Sandberg, quien en el año 2013 publicó en Estados Unidos el libro *Lean In: Women, Work, and the Will to Lead*. (Vayamos adelante: Las mujeres, el trabajo y la voluntad de liderar). *Lean In* figuró en la lista de los *bestsellers* en Estados Unidos durante meses y fue traducido a varios idiomas. Grandes medios de comunicación lo presentaron como un «nuevo manifiesto feminista» y la exitosa presentadora Oprah Winfrey calificó a Sandberg como «la nueva voz del feminismo revolucionario». En una entrevista televisada, ambas damas superpoderosas compartían la opinión de que el mayor problema de las mujeres es que «se dan por vencidas mucho antes de haberlo intentado».[1] En la pared de su oficina, Sandberg hizo pintar una frase: «¿Qué serías capaz de hacer si no tuvieras miedo?».

Sheryl Sandberg comenzó su carrera como CEO de Facebook después de haber pasado por los consejos de administración de multinacionales como Google, Disney y Starbucks. Su nombre figura en la lista de las mujeres más ricas de Estados Unidos, ocupando el duodécimo puesto en 2019, con una for-

---

[1] Sheryl Sandberg: The 3 Mistakes of Working Women, Oprah Winfrey Network, en YouTube [www.youtube.com/watch?v=FXpsX3sZow0], consultado en mayo de 2019.

tuna personal de 1.700 millones de dólares, tan sólo dos puestos por debajo de Oprah Winfrey.² Y en el *ranking* de la revista *Forbes* de las 100 mujeres más poderosas del mundo, Sandberg se situaba en el undécimo puesto en 2018, por debajo de Angela Merkel, Theresa May, la exjefa del FMI Christine Lagarde, Melinda Gates y Ana Patricia Botín, titular del Banco Santander.³

En su plataforma *Leanin.org* Sandberg ofrece consejos prácticos para que las mujeres dejen de pensar en lo que no pueden hacer y empiecen a pensar en lo que sí pueden. Ese pensamiento «positivo» permitiría empoderarlas para que logren sus objetivos. La tesis principal de Sandberg es que las mujeres, educadas desde pequeñas para asumir roles pasivos, tienen una falta de confianza en sí mismas que se convierte en la traba principal para ocupar puestos de liderazgo. Por ese motivo, deberían proponerse tener mayores ambiciones individuales y una firme voluntad de superarse. El secreto es «trabajar duro» y «quererlo realmente». Si esa es la actitud, podrán lograr todo lo que se propongan. Como ejemplo, plantea que ellas deben negociar individualmente con sus jefes cómo conciliar la vida laboral con los tiempos dedicados a la maternidad o el hogar. La idea es que no deben renunciar a un proyecto familiar, pero este debe estar acoplado a las proyecciones de una carrera profesional. Para garantizar que las contrataciones y las promociones sean igualitarias, los gerentes y supervisores deben convertirse en «campeones de la diversidad» y ofrecer flexibilidad para que el trabajo pueda adaptarse a las necesidades de la vida de las mujeres. Todo parece muy sencillo, la cuestión es proponérselo y quererlo verdaderamente. ¿O no es así? Esta ideología del esfuerzo individual, sin embargo, choca de frente con la realidad de millones de mujeres, quienes, a diferencia de Sandberg, no tienen la opción de elegir cómo combinar su vida la-

---

² America's Richest Self-Made Women, *Forbes* [https://www.forbes.com/self-made-women/#775374f46d96].

³ M. Forbes y C. Vuleta, Power Women 2018, *Forbes* [https://www.forbes.com/power-women/list/#tab:overall], consultado en septiembre de 2019.

boral y su vida familiar, ni mucho menos disfrutan de la opción de garantizarse «contrataciones igualitarias».

Sandberg promueve un tipo de feminismo (neo)liberal donde las mujeres se empoderan de forma individual para alcanzar posiciones de poder. En su libro, se vende a sí misma como un producto exitoso del espíritu emprendedor del capitalismo. Aunque asegura que «una mujer no puede tenerlo todo», ella es rica, blanca y bella según los cánones tradicionales. Parece que ha sabido «construirse a sí misma» de forma eficaz, con un entusiasmo parecido al de una profesora de autoayuda. El discurso de Sandberg, al igual que gran parte de este feminismo neoliberal, oculta que hay múltiples condicionantes estructurales que se imponen a la mayoría de las mujeres en esta sociedad, fuera de su voluntad y heredadas del pasado, que reproducen relaciones de explotación y opresión: eso que llamamos capitalismo, racismo y patriarcado. Claro que a Sandberg le conviene mantener en la sombra esas relaciones sociales, no sea que a alguien se le ocurra cuestionar por qué algunas mujeres tienen fortunas que equivalen al PIB de varias naciones pobres, mientras casi la mitad de la población mundial, nada menos que 3.400 millones de personas, sobreviven con menos de 5 dólares diarios al día.

La intelectual y activista feminista negra bell hooks (escribe su nombre artístico así, en minúsculas, en homenaje a su abuela) sostiene que el feminismo de Sandberg se limita a la idea de igualdad de género al interior del sistema: «Desde esta perspectiva, las estructuras del capitalismo patriarcal, imperialista, blanco y supremacista no pueden ser desafiadas»[4]. hooks afirma que la propuesta de Sandberg es un falso feminismo, ya que pasa por alto toda la historia del movimiento feminista, al que presenta como un movimiento evolutivo por la igualdad entre mujeres y hombres. La categoría abstracta de «mujer» ya había sido cuestionada de múltiples formas por las feministas socialistas desde fines del siglo XIX y más tarde en los años setenta por la nueva

---

[4] b. hooks, «Dig Deep: Beyond Lean In», *The Feminist Wire*, 28 de octubre de 2013 [https://thefeministwire.com/2013/10/17973/].

13

ola feminista, señalando el cruce entre las opresiones de raza, clase y sexualidad. Por eso, nada más equivocado que referirse al feminismo como un movimiento basado en una categoría homogénea de «mujeres» que buscan la igualdad con los hombres. De hecho, señala hooks, en la mayor parte de los casos, las mujeres blancas privilegiadas se identifican más con los hombres de su propia clase que con las mujeres pobres o las mujeres negras. Sandberg promete que las condiciones de vida de *todas* las mujeres van a mejorar cuando haya más mujeres en posiciones de poder en las empresas o los gobiernos. Pero, si *algunas* mujeres poderosas rompen los techos de cristal y ocupan posiciones de poder, ¿significa eso un cambio que beneficie necesariamente a la *mayoría* de las mujeres? Esa es la premisa del feminismo liberal, pero la realidad indica todo lo contrario, como demostraremos en este libro.

Un imperio financiero con rostro de mujer

Tan sólo unas posiciones por debajo de Sandberg en la lista de *Forbes* aparece el nombre de Ana Patricia Botín, presidenta del Banco Santander. En octubre de 2019, con un artículo patrocinado en varios medios (publicidad encubierta), el Santander anunciaba que había alcanzado «de manera anticipada su objetivo de tener un 40 por 100 de mujeres en su consejo de administración»[5]. Con la incorporación de la banquera británica Pamela Walkden como nueva consejera, el banco presidido por Ana Botín se proponía demostrar su compromiso con la «igualdad de género».

En un artículo publicado en su perfil de LinkedIn en agosto de 2018, la presidenta del Grupo Santander se definía como feminista, tomando como referencia el libro *Lean In* de Sheryl

---

[5] «Banco Santander alcanza de manera anticipada su objetivo de tener un 40 por 100 de mujeres en su consejo de administración», contenido patrocinado, *Público*, 8 de octubre de 2019 [https://www.publico.es/economia/banco-santander-alcanza-manera-anticipada-objetivo-40-mujeres-consejo-administracion.html?utm_source=twitter&utm_medium=social&utm_campaign=publico].

Sandberg[6]. Botín aclaraba que su modelo no se limitaba a un «feminismo autosuficiente» y se declaraba partidaria de tomar «medidas proactivas» en los lugares de trabajo, con el objetivo de lograr un «entorno laboral más justo».

Detengámonos aquí un momento. La fortuna personal de Ana Botín se estimaba en 2018 en la friolera de 300 millones de euros, con una retribución anual de 11,01 millones, una cifra 404 veces más alta que el salario medio español y 641 veces superior al salario más frecuente, de acuerdo con el Instituto Nacional de Estadística[7]. El jefe del clan familiar, Emilio Botín, tenía predilección por acumular obras de arte y residencias. La familia posee varias fincas y mansiones en Santander, Somosaguas y Ciudad Real. En el año 2016, Ana Patricia Botín adquirió una finca en la localidad cántabra de Ribamontán al Mar, con excepcionales vistas sobre la bahía. La propiedad linda con otra que también pertenece a la familia, y el objetivo de la adquisición, según algunos medios locales, parecía ser simplemente no tener «vecinos molestos». ¿Por qué alguien invierte millones de euros en una propiedad a la que no piensa darle uso? Porque tiene el dinero y puede hacerlo.

La Plataforma de Afectados por la Hipoteca (PAH) del Estado español calculaba que tan sólo en los primeros cuatro años de la crisis (2008-2012) se efectuaron en España 400.000 desahucios, de los cuales el Banco Santander habría efectuado al menos un 10 por 100. El 31 de octubre de 2017, la PAH catalana ocupaba varias sedes del Santander, denunciando que las familias son desahuciadas mientras miles de pisos vacíos siguen en manos de los bancos o se han traspasado a fondos buitre. Ana Botín pretende dar lecciones de feminismo, y hace alarde de promover políticas proactivas de igualdad. Miles de mujeres que perdieron sus casas en los últimos años, producto de las

---

[6] A. Botín, «Por qué me considero feminista y tú también deberías», LinkedIn, 8 de marzo de 2018 [https://www.linkedin.com/pulse/por-qué-me-considero-feminista-y-tú-también-deberías-ana-botín-/], consultado el 13 de marzo de 2019.

[7] E. P. Cano, «Ana Patricia Botín, la mujer que dice ser feminista, pero vive de espaldas al pueblo», *Diario 16*, 23 de septiembre de 2018 [http://mediterraneo.diario16.com/ana-patricia-botin-la-mujer-dice-feminista-vive-espaldas-al-pueblo/].

15

políticas usureras de los bancos, seguramente opinarían muy distinto.

Ana Botín es hoy la presidenta de uno de los grupos financieros más importantes del mundo. El Santander acumula cuantiosos beneficios, que en el año 2018 se elevaron un 18 por 100 respecto al año anterior, alcanzando 7.810 millones de euros de beneficio neto. El país que más beneficios aporta al grupo es Brasil (26 por 100), por delante incluso de España (17 por 100). Según su página web, el banco financia «proyectos sostenibles de energías renovables» en ese país. Todo muy ecologista, parece. Sin embargo, la realidad es muy distinta. Según Michiel van Dijk y Bart Slob, del Centro de Investigaciones de Multinacionales de Holanda, el Banco Santander está detrás de la financiación de empresas como Tractebel, una multinacional con sede en Bruselas responsable de decenas de plantas hidroeléctricas y termoeléctricas que han generado impactos humanos y ambientales catastróficos en América Latina.

El 25 de enero de 2019, una gigantesca marea de fango y residuos arrastró todo lo que encontró a su paso en la localidad de Brumadinho, en el estado brasileño de Minas Gerais. La ola de barro se tragó en minutos a 250 personas, una tragedia que se produjo por el quiebre de los diques de contención del depósito de una mina, perteneciente a la empresa Vale S. A., una de las compañías mineras más grandes del mundo. En segundos, 12 millones de metros cúbicos de lodo tóxico se descargaron sobre la zona. Las empresas mineras e hidroeléctricas están cambiando el paisaje del Amazonas, la principal reserva verde del mundo. Abren enormes grietas a lo largo de kilómetros y cavan profundos hoyos en medio de la selva para extraer minerales, bloquean el paso del agua con monumentales represas de cemento y fuerzan el desplazamiento de las poblaciones locales e indígenas. Para llevar adelante todas estas acciones necesitan financiamiento. El fondo de inversión del Grupo Santander que actúa en Brasil tiene una importante participación en las acciones de la empresa minera Vale Do Rio Doce, responsable de la tragedia de Brumadinho. La empresa ya había provocado otro desastre en la mina Mariana, donde murieron 19 personas en 2015 y que contaminó el curso de un río. El Santander es el mayor banco extranjero en Brasil, y otra de sus prerrogativas es controlar las negociaciones de la deuda pública en ese país. El Gobierno derechista de Bolsonaro le brindó otra ventaja extraordinaria al grupo liderado por Ana Botín, nombrando al ejecutivo del Banco Santander Roberto Campos Neto como nuevo presidente del Banco Central brasileño.

El Banco Santander y otras entidades financieras multinacionales financian proyectos turísticos, explotaciones mineras y la instalación de hidroeléctricas en varios países de América Latina, siendo corresponsables de la expulsión de las poblaciones originarias y la contaminación de los ríos y territorios. Muchas mujeres están luchando actualmente contra estos expolios en países como Brasil, México, Guatemala y Honduras. Mujeres que son perseguidas, criminalizadas o asesinadas, como Berta Cáceres.

Los alardes de feminismo por parte de Ana Botín no pasaron inadvertidos, generando indignación entre miles de trabajadoras que sienten que nada las une a esta millonaria liberal. El 8 de marzo de 2019, un grupo de delegadas del comité de empresa del Banco Santander intentaron entrar en la sede de la Gran Vía de Madrid para informar a las empleadas sobre su derecho a huelga. Esto fue impedido por el personal de seguridad, que cerró las puertas, vulnerando el derecho básico del comité a ejercer su actividad. «¡Ana Botín no es feminista!, ¡Ana Botín no es feminista!» cantaron, como respuesta, las trabajadoras. La huelga del 8M comenzaba así dejando blanco sobre negro que no hay sororidad posible cuando la lucha de las mujeres se cruza con una guerra de clases.

Margaret Thatcher, la Dama de Hierro del neoliberalismo

El ciclo de políticas neoliberales le debe también a una mujer, Margaret Thatcher, su acta de nacimiento. La Dama de Hierro llegó al poder como primera ministra británica en 1979, en medio de una grave crisis económica caracterizada por el estancamiento, la inflación y el desempleo. Después del «invierno del descontento» de 1978, donde una ola de huelgas de funcionarios públicos, enfermeros, trabajadores del ferrocarril y mineros enfrentó al Gobierno laborista, Thatcher se puso el objetivo de aplastar el poder de los sindicatos. Una de sus frases más famosas –que era toda una definición de su programa– fue aquella de que no existe «eso que se llama sociedad, sino únicamente hombres y mujeres individuales». Desde entonces, la sentencia de que «no hay alternativa» (al capitalismo) se transformó en el sentido común de varias generaciones.

El neoliberalismo como teoría económica afirma que la mejor manera de alcanzar el bienestar es promover el libre desarrollo de las capacidades emprendedoras de los individuos en el mercado, sin restricciones, mientras el Estado garantiza los derechos de la propiedad privada. Detrás de esa ideología del libre mercado se esconde el dominio de clase. El periodo estuvo marcado por una ofensiva para restaurar el poder de las clases dominantes, que se había visto cuestionado a fines de los años sesenta y principios de los setenta. Y como prueba de que al final del proceso los capitalistas lograron su objetivo, basta un simple ejemplo: la proporción entre las retribuciones de los altos directivos y los salarios medios de los trabajadores pasó de 30 a 1 en 1970 a 500 a 1 en el año 2000[8]. La restauración neoliberal se abrió paso de forma sangrienta en países de la periferia, como en Chile o Argentina con golpes militares, mientras que en el mundo anglosajón y en Europa la lucha de clases pudo ser desviada y contenida con la inestimable colaboración de las direcciones sindicales burocráticas y gran parte de la izquierda tradicional. Estos trocaron cada vez más el terreno de la movilización por los pactos por arriba, integrándose a los regímenes de las democracias liberales.

Hacia los años ochenta, las políticas neoliberales lograron generar un «nuevo consenso» incentivando una nueva «cultura del consumo» basada en el endeudamiento de las clases medias. Pero antes hubo que infligir derrotas significativas a la

---

[8] D. Harvey, *Breve historia del neoliberalismo,* Madrid, Akal, 2007.

clase trabajadora. Thatcher se propuso derrotar la larga huelga de los mineros, corazón de la clase obrera británica, mientras Reagan ganó el pulso a los controladores del tráfico aéreo. En pocos años, Thatcher desmanteló grandes sectores industriales, como la minería, los astilleros y la siderurgia, e impuso a su vez una caída salarial generalizada. Bajo la lógica de que las empresas del Estado generaban déficit, se privatizaron aerolíneas, empresas de telecomunicaciones, acero, electricidad, gas, petróleo, carbón, agua, autobuses y ferrocarriles. Procesos similares se replicaron en gran parte del mundo con privatizaciones, recortes en servicios sociales, ataques al nivel de vida, precarización y flexibilización del mercado laboral, etc. En el Estado español la ofensiva neoliberal tomó forma a partir de la Transición democrática, bajo los gobiernos de Felipe González, Aznar y Zapatero.

La globalización neoliberal implicó también transformaciones sociales marcadas por lo que el geógrafo David Harvey llamó «acumulación por desposesión». Una masiva transferencia de recursos y rentas hacia un sector cada vez más concentrado del capital: mercantilización y privatización de la tierra (con la expulsión de campesinos y pueblos originarios), transformación en propiedad privada de servicios antes considerados públicos o del común, ingreso al mercado de nuevos contingentes de fuerza laboral y apropiación de recursos naturales. Por último, el endeudamiento a gran escala de los Estados, en especial los de la periferia, y la intervención permanente de organismos como el FMI y el Banco Mundial.

En el ámbito productivo, se debilitaron sectores que hasta entonces habían sido claves, al mismo tiempo que se crearon nuevos centros industriales en regiones con baja sindicalización y mano de obra barata. Con las migraciones del campo a las ciudades y la transformación de millones de campesinos en trabajadores asalariados tuvo lugar la mayor concentración de poblaciones urbanas de la historia. En este proceso, se duplica la fuerza laboral que se encuentra bajo relaciones sociales capitalistas, al mismo tiempo que la feminización de la clase trabajadora se transforma en uno de sus rasgos sobresalientes. La nueva fuerza laboral global se forma bajo el peso de una alta y extendida precariedad, salarios miserables y pérdida de conquistas, en el marco de una profunda división entre personas nativas y extranjeras, contratos fijos y temporales, además de las diferenciaciones por género, que aprovecha el capital para su propio beneficio.

Todas estas transformaciones se descargaron de forma más brutal sobre la juventud, las mujeres y las poblaciones del «Tercer Mundo». El ingreso masivo de las mujeres al precario mercado laboral sacudió las relaciones patriarcales tradicionales que mantenían aisladas a las mujeres en las tareas de reproducción en el hogar, pero sólo para dar paso a modernas formas de hiperexplotación, marcadas por una renovada desigualdad de género. En las fábricas textiles de Bangladés, que producen para marcas como Zara, H&M y Uniqlo, las trabajadoras ganan menos de 3 euros por día.

Como contraste, en el mismo periodo, un grupo privilegiado de mujeres ascendió al podio de las más poderosas. Según *Forbes*, en 2018 se ha batido un récord histórico de la cantidad de mujeres más ricas del mundo, con un total de 256 que suman una fortuna total que supera en un 20 por 100 a la del año anterior. En ese club selecto se encuentran Alice Walton, del emporio Walmart, con un patrimonio de 46.000 millones de dólares; Françoise Bettencourt Meyer, de la cosmética L'Oréal, con 42.200 millones; Susanne Klatten, de BMW, con 25.000 millones, y Jaqueline Mars, de la compañía de dulces Mars, con 23.600 millones. Yang Huiyan, de Country Garden Holdings, es la mujer más rica de Asia, con 21.900 millones de dólares; Laurene Powell Jobs, de Apple y Disney, cuenta en sus arcas con 18.800 millones, y Gina Rinehart, de Hope Downs, es la séptima mujer más rica del mundo, con 17.400 millones de dólares.

El neoliberalismo ha «empoderado» a algunas pocas mujeres en posiciones de fortuna, y ha transformado ese hecho en el «sentido común» de que en las sociedades occidentales todas las mujeres podrían avanzar si se lo propusieran. Mientras una minoría de mujeres pasó a formar parte del 1 por 100 más rico del planeta, el estímulo al consumo de las clases medias por la vía del endeudamiento ayudó a consolidar una ilusión de movilidad social ascendente. En realidad, el auge neoliberal significó una monumental transferencia de renta hacia las clases dominantes, lo que benefició a una minoría de las mujeres pertenecientes a los estratos más altos, pero hundió en la pobreza y la precariedad a miles de millones.

Posmodernidad y feminismo, relaciones peligrosas

La ofensiva capitalista tuvo un gran impacto en el terreno de las ideas. Mientras los *think tanks* neoliberales difundían por el mundo una nueva ética basada en el mercado, el posmodernismo se acoplaba a la perfección con las aspiraciones del capital financiero. Aunque en sus orígenes se encuentran elaboraciones de algunos intelectuales de la izquierda radical pos-68, la nueva teoría –que presumía de su irreverencia hacia las estructuras de poder y la racionalidad occidental– resultó completamente funcional al reinado del capital. Las ideas posmodernas que se impusieron en las universidades en los años ochenta y noventa postularon el fin de la historia, el fin de las ideologías y el fin de los sujetos de cambio social, naturalizaron la máxima del individualismo y la realización personal a través del consumo.

Fredric Jameson afirmó que la lógica de la posmodernidad es la de la diferenciación permanente, por lo que las ideas de heterogeneidad, multiplicidad, fluidez y fragmentación le son afines. La posmodernidad sugiere la posibilidad infinita de diversificar el consumo, creando nuevas modas y estilos de vida al gusto de cada individuo. La paradoja, señala Jameson, es que, mientras se vende esta imagen de diversidad absoluta y libertad creativa, vivimos en la sociedad «más estandarizada y uniforme de la historia», forjada en los moldes del análisis de mercado, la creación de deseos mediante la publicidad y la obsolescencia programada –por la cual los productos cada vez duran menos y nos vemos obligados a comprar otros–.

En la base del posmodernismo se encuentra una posición «antiesencialista» que huye de cualquier tipo de definiciones fijas; los conceptos son deconstruidos para dar lugar a un relativismo radical. Allí donde ya no es posible acercarse a un conocimiento objetivo, sólo nos quedarían múltiples relatos y la construcción discursiva de la realidad. En la posmodernidad se experimentaría además una transformación de la noción del tiempo, todo cambia a una velocidad incontrolable, pero en realidad nada cambia, por lo que quedamos atrapados en el presente continuo del capitalismo. La intensidad del presente hace desaparecer el sentido de la historia y su trama. Es como si el conjunto de tradiciones de lucha del movimiento de mujeres, de la clase trabajadora, las múltiples rebeliones y las resistencias frente al poder ya no tuvieran nada significativo que aportar. Porque la nueva ideología –a la que se adaptaron muchos de los intelectuales de la izquierda tradicional– ya no prevé cambios revolucionarios, no hay horizonte más allá del capitalismo, «no hay alternativa». Jameson lo explicó de este modo:

> Y el futuro, desde un punto de vista político, está bastante debilitado. La idea de que un grupo revolucionario podría acometer la transformación de la sociedad en el futuro es una idea que raramente desempeña un papel central en la política. Lo que queremos es existir ahora en el presente, sin ningún tipo de sacrificio por el futuro... De modo que el futuro se convierte simplemente en esa visión de una catástrofe ecológica inminente[9].

En este clima ideológico, las estrategias emancipatorias fueron relegadas a los márgenes, mientras tanto cobraban peso teorías que exaltaban la diversidad pero que eludían cuestionar las relaciones sociales capitalistas que estructuran la sociedad. Y el feminismo, claro está, no fue ajeno a estos cambios. Aparece entonces un nuevo tipo de feminismo que acompaña el giro neoliberal. El hecho de que, en algunas regiones, las mujeres hayan alcanzado derechos democráticos importantes se presenta como parte de una dinámica que seguirá extendiéndose para todas las mujeres en el marco de las democracias liberales. La

---
[9] F. Jameson, *El posmodernismo revisado,* Madrid, Abada, 2012, p. 87.

idea de un feminismo «autosuficiente» y «apolítico», tal como lo formuló Sheryl Sandberg, se corresponde con la idea de que ya no es necesario ningún movimiento social –y mucho menos un programa radical– que cuestione las relaciones de opresión. Ahora las mujeres sólo tienen que tomar buenas decisiones y «elegir» cómo construir sus propias vidas.

Angela McRobbie[10] señala que el neoliberalismo adoptó algunos elementos del feminismo para dotarlos de un nuevo sentido, con un formato fuertemente individualista. Palabras como *empoderamiento* y *elección* pasaron a ocupar la centralidad de los discursos lanzados desde las ONG, instituciones estatales, universidades y medios de comunicación. Los cambios también se percibieron en la cultura popular. Programas de televisión donde una mujer es aconsejada por expertos en cómo «mejorar su estilo» reemplazaron en las pantallas a las viejas telenovelas. También en el amor y el sexo se multiplicaron las opciones para toda la audiencia, en programas donde es posible elegir entre un «menú» de candidatos que deben competir entre sí. Celeste Murillo apunta contra este «feminismo *cool*» adaptado a los valores del neoliberalismo que se ha transformado en un «código cultural» políticamente correcto[11]. Una tendencia que se expresa en la ampliación de derechos formales para las mujeres (aunque cada vez más degradados), la utilización de un lenguaje inclusivo, políticas estatales y nuevos formatos culturales. Series donde aparecen protagonistas empoderadas, mujeres que priorizan sus carreras sobre el amor, o damas poderosas que no renuncian a ser madres, pero lo posponen lo máximo posible para que no se interponga en sus objetivos laborales, etcétera.

Pareciera que en esta sociedad no faltan oportunidades, si se sabe aprovecharlas. En este mundo de múltiples opciones, las mujeres que fracasan ya no pueden achacarlo al sistema ni a los demás, deberán mirar hacia adentro para saber en qué han falla-

---

[10] A. McRobbie, *The Aftermath of Feminism: Gender, Culture, and Social Change*, Goldsmiths College, University of London, 2008.
[11] C. Murillo, «Feminismo *cool*, victorias que son de otras», *Revista Ideas de Izquierda* 26 (diciembre de 2015) [https://www.laizquierdadiario.com/ideasdeizquierda/wp-content/uploads/2015/12/41_43_Murillo.pdf].

do. En una sociedad que promueve la idea de la «libertad de elección», las que no logran alcanzar el éxito serán las únicas culpables de su ruina. Detrás de esta idea hay una lógica perversa. Cuando los dolores que genera el sistema no se pueden transformar en crítica y fuerza colectiva, se absorben como frustraciones personales y generan todo tipo de angustias y crisis; las enfermedades alimentarias y la depresión son malestares demasiado frecuentes en nuestra época, en especial entre las jóvenes. Este nuevo sentido común feminista desplaza su centro de gravedad hacia el cuerpo de las mujeres: el lema de la época es «mi cuerpo es mío», una idea que se vincula al valor de la propiedad, mientras la noción de libertad se entiende como libertad de consumo.

En un artículo ya clásico sobre feminismo y neoliberalismo, Nancy Fraser analizaba las transformaciones ocurridas desde fines de los años sesenta hasta esta parte[12]. En el marco de lo que denomina el «capitalismo organizado por el Estado» o Estado de bienestar, aparece una nueva ola del movimiento feminista con un contenido cuestionador del sistema, antiimperialista, crítico con el androcentrismo, el economicismo de la izquierda tradicional y el estatismo. Para Fraser, ese momento está marcado por una promesa emancipadora y una crítica estructural de la sociedad. La crítica feminista enlaza tres dimensiones de la injusticia de género: la económica, la cultural y la política, que implican también tres perspectivas de la justicia: reconocimiento, redistribución y representación.

El segundo momento se abre con la época neoliberal. Se produce entonces un desplazamiento desde una crítica más integradora hacia una extrapolación unilateral de uno solo de aquellos aspectos, el reconocimiento. El feminismo pierde radicalidad y comienza a aportar entonces un ingrediente al «nuevo espíritu» del capitalismo. Cuestiones aisladas del feminismo son utilizadas por el sistema para legitimarse, al mismo tiempo que se tiende a abandonar la militancia colectiva. Lo que antes era un movimiento con rasgos antisistema (aunque con diferentes estrategias po-

---

[12] N. Fraser, «El feminismo, el capitalismo y la astucia de la historia», *New Left Review* 56 (mayo-junio de 2009).

líticas que disputaban entre sí) se transforma en un sentido común ampliado y aceptado por el *mainstream,* pero que pierde gran parte de sus elementos críticos. El resultado es una resignificación del feminismo: «El giro al reconocimiento encajó muy fácilmente en un neoliberalismo ascendente que no quería sino reprimir cualquier recuerdo del igualitarismo social»[13]. El feminismo se desplazó hacia una crítica cultural o discursiva, perdiendo materialidad y resultando, así, funcional al sistema. En este marco, las teorías posfeministas o *queer* se plantearon una deconstrucción del género que permitiera avanzar en desnaturalizar los estereotipos sexuales, pero lo hicieron dejando a un lado la crítica a cuestiones estructurales de la sociedad capitalista.

Así, las feministas absolutizaron la crítica a la cultura precisamente en el momento en el que las circunstancias exigían redoblar la atención a la crítica de la economía política. A medida que la crítica se dividía, además, la corriente cultural no sólo se desgajó de la corriente económica, sino también de la crítica al capitalismo que previamente las había integrado. Desligadas de la crítica al capitalismo y dispuestas para articulaciones alternativas, estas corrientes podían ser atraídas hacia lo que Hester Eisenstein ha denominado «un vínculo peligroso» con el neoliberalismo[14].

En los últimos años, el panorama ha comenzado a cambiar con la emergencia de una nueva oleada del movimiento feminista a nivel internacional. La posibilidad de superar el corsé impuesto por el feminismo liberal toma cuerpo en las poderosas huelgas de mujeres desde el Estado español hasta Polonia, Suiza, Brasil y Argentina, en las masivas manifestaciones contra la violencia machista donde destaca la participación juvenil, en las luchas de las mujeres campesinas e indígenas por la defensa del medioambiente y en el sentimiento colectivo de que un nuevo movimiento está en curso.

[13] *Ibid.*
[14] *Ibid.*

Las guerras culturales del neoliberalismo progresista

La anécdota es conocida. Consultada por cuál había sido el mejor logro de su gobierno, Margaret Thatcher afirmó: «Tony Blair y el nuevo laborismo. Obligamos a nuestros oponentes a cambiar su forma de pensar». El centro político se movió hacia la derecha y ese fue uno de los legados políticos del neoliberalismo. «La economía es el método», pero «el objetivo es cambiar el alma», dijo también la Dama de Hierro, y vaya si lo logró. Durante el mandato de Tony Blair, el poder financiero de Londres creció, al mismo tiempo que se imponían recortes en salud y educación. Blair se alineó con Estados Unidos participando en la Guerra de Irak, la invasión a Afganistán y otras aventuras imperialistas. En referencia al Partido Demócrata en Estados Unidos, y en particular a las presidencias de Clinton y Obama, Fraser acuñó el concepto de «neoliberalismo progresista», una particular combinación de valores multiculturales con políticas neoliberales. La definición sirve también, con sus matices, para analizar el giro neoliberal de la socialdemocracia europea iniciado con la primera ola de gobiernos socialistas (Mitterrand, Felipe González) y consolidado con la tercera vía de Blair y Zapatero.

El caso español es paradigmático. Durante los gobiernos del PSOE fueron aprobadas importantes leyes que sancionaron derechos por los que venía luchando el movimiento de mujeres y LGTB, tal como la nueva Ley del Aborto y la Ley del Matrimonio Igualitario. Junto con la Ley de Memoria Histórica, le permitieron a Zapatero hegemonizar el campo progresista frente a una derecha «dura» y conservadora, los cuales se enfrentaban en «guerras culturales», incluso midiendo fuerzas en manifestaciones callejeras. Intelectuales, dirigentes sindicales y artistas se volcaron con Zapatero. Esta legislación sin duda implicó una ampliación de derechos para varios sectores, producto de las luchas previas. Pero, si bien en su primera legislatura tomó algunas moderadas medidas sociales, en la segunda –al calor de la crisis capitalista mundial– pasó a aplicar duros recortes por más de 15.000 millones de euros, con un tijeretazo salarial para los funcionarios públicos y el congelamiento de las pensiones. A esto se sumó la Reforma Laboral, recibida con beneplácito por el IBEX 35 y las patronales, que permitió redoblar la precariedad y la flexibilización del trabajo. Como veremos en el capítulo siguiente, estas medidas promovieron el avance de la precariedad laboral para las mujeres, que pasaron a ser mayoría en los trabajos temporales y las primeras en ser despedidas en momentos de crisis.

Zapatero terminó su gobierno con el récord de un 21 por 100 de paro y una juventud que percibía que ya no tenía ningún futuro por delante. El 15 de mayo de 2011, miles de jóvenes indignados acamparon en la Puerta del Sol, enfrentándose a la represión y despertando las simpatías de gran parte de la población. En los días siguientes, el movimiento se extendió a cientos de plazas en todo el territorio español, abriendo una brecha más profunda al desgastado régimen político. Se vivía entonces lo que en términos del marxista italiano Antonio Gramsci puede llamarse una «crisis orgánica», que combinaba una grave crisis económica y una fuerte crisis de representación política. Apuntando contra la casta de políticos al servicio de los mercados, la juventud expresó un sentimiento mayoritario: «No nos representan» y «PSOE y PP, la misma mierda es». Le siguió un ciclo ascendente de movilización, huelga general, las mareas de pensionistas, docentes y funcionarios, una importante huelga minera y manifestaciones masivas.

El 1 de febrero de 2014, una enorme marea violeta desbordó las calles de Madrid en una manifestación conocida como el «Tren de la Libertad». El movimiento feminista español se volvía a poner de pie de forma masiva, después de muchos años, para rechazar el anteproyecto de ley del ministro de Justicia del PP Alberto Ruiz-Gallardón, que pretendía restringir el derecho al aborto. La movilización logró algo que parecía inédito: un triunfo. El proyecto se retiró y el ministro se vio obligado a renunciar. Aquellas jornadas fueron sin duda el pistoletazo de salida de un nuevo movimiento de mujeres que desde entonces iba a seguir creciendo, aunando a las activistas feministas de los años setenta con miles de jóvenes precarias y las chicas de institutos. Al año siguiente, cuando las mujeres de Argentina se movilizaron al grito de «Ni una menos» y una nueva oleada feminista nacía a nivel mundial, ya se estaban tejiendo redes de mujeres autoorganizadas en Asturias, Valencia, Cataluña, Andalucía, Madrid y cientos de localidades. Después llegaron las masivas movilizaciones contra la violencia machista y las históricas huelgas de mujeres del 8M.

El surgimiento de Podemos, en enero de 2014, canalizó parte del descontento social hacia la vía electoral, cuestionando desde la izquierda a la casta del PSOE como parte del régimen de las «puertas giratorias». La «ilusión social» que se había vivido en los movimientos y en las plazas (la idea de que era posible cambiar el mundo sin tomar el poder) abrió paso a una «ilusión política», la idea de que ese cambio podía obtenerse trabajando desde adentro de las instituciones actuales de la democracia liberal. Pero esta «nueva izquierda» moderó rápidamente su programa y su discurso en la medida en que priorizó ampliar su base electoral en las clases medias, buscó ocupar la «centralidad política» para convertirse en una «maquinaria de guerra electoral» y promovió acuerdos parlamentarios con las fuerzas progresistas neoliberales que antes había cuestionado.

Siete años después de aquel 15M, en 2018, el PSOE volvió temporalmente al gobierno con el apoyo de Podemos a una moción de censura. Medios de prensa internacionales calificaron al primer Gobierno de Pedro Sánchez (2018-2019) como el «más feminista de Europa», con una mayoría de ministras en las principales carteras como Hacienda, Economía, Defensa e Industria. Sánchez recuperó además el Ministerio de Igualdad que Zapatero había formado en 2004 y eliminado en 2010, prometiendo medidas contra la brecha salarial y la violencia machista. Pero la presencia de más mujeres en altos cargos políticos no significa que un Gobierno sea más feminista, si con este término entendemos que se tomen medidas que beneficien a la mayoría de las mujeres. Como prueba, basta mirar el caso de Alemania con Angela Merkel. ¿Acaso puede considerarse feminista un Gobierno que mantiene la Ley de Extranjería y los CIE, que condena a millones de mujeres a ser tratadas como trabajadoras de «segunda» y sin plenos derechos políticos? ¿Puede ser feminista un Gobierno que se ha negado a derogar la reforma laboral, que implica precariedad para gran parte de las mujeres trabajadoras y beneficios para las empresas? ¿Y por qué mantener los acuerdos del Estado con la Iglesia católica?

El PSOE tiene una concepción feminista liberal que pretende alcanzar gradualmente la igualdad entre los géneros en el marco de la sociedad capitalista y patriarcal. Mediante algunas leyes para ampliar ciertos derechos formales de las mujeres, junto con medidas sociales cosméticas, entabla «batallas culturales», pero sin tocar las raíces del sistema de opresión y explotación. En el mismo sentido va la propuesta de una ministra de este partido para favorecer fiscalmente a aquellas empresas que establezcan cuotas de género en sus consejos de administración. Se trata de un feminismo que sólo puede conceder algunas mejoras –parciales y nunca definitivas– a un sector de las mujeres, pero que está alejado de las necesidades más sentidas por millones de mujeres trabajadoras, precarias, paradas o inmigrantes.

En el marco de la crisis capitalista que se abrió hace una década, Andrea D'Atri y Laura Lif[15] cuestionaban esa idea del feminismo liberal que postula un progreso sin contradicciones en los derechos de las mujeres. Entonces formulaban una pregunta clave que queremos retomar en este libro: «¿Acaso el feminismo sólo puede proponernos una restringida emancipación, limitada a sectores minoritarios que gozan de algunos derechos democráticos, en determinados países, a expensas de la extensión de brutales agravios contra la inmensa mayoría de las mujeres a escala global?».

Como veremos en los próximos capítulos, el neoliberalismo –ya sea en sus versiones más conservadoras o con rostro progresista– prometió el reino de la «libre elección» para todas las mujeres, pero sólo entregó la llave del paraíso a una ínfima mi-

---

[15] A. D'Atri y L. Lif, «La emancipación de las mujeres en tiempos de crisis mundial», *Revista Ideas de Izquierda* 2 (agosto de 2013) [http://www.laizquierdadiario.com/ideasdeizquierda/la-emancipacion-de-las-mujeres-en-tiempos-de-crisis-mundial-ii/].

noría. Las trabajadoras, las campesinas y las habitantes de los países más pobres del mundo nunca tuvieron esa opción. Quienes escribimos este libro lo hacemos desde el punto de vista de un feminismo anticapitalista y socialista. Pensamos que no se trata de conformarse con una cuota de igualdad para un pequeño grupo de mujeres dentro de las estructuras capitalistas patriarcales, lo que queremos es hacerlas estallar por los aires.

II
LA CLASE OBRERA TIENE ROSTRO DE MUJER.
SUELOS PEGAJOSOS PARA LAS *KELLYS*

Ana Patricia Botín en su manifiesto en LinkedIn asegura que las mujeres, para lograr igualdad, necesitamos «cambios estructurales en la organización del trabajo, si aspiramos a un entorno laboral más justo». Pero, bajo los techos de cristal que atraviesan las empresarias como ella, se encuentran los suelos pegajosos de los que no se pueden despegar la mayoría de las mujeres, las trabajadoras, migrantes y jóvenes precarias.

«De tanta explotación, me han salido ampollas y he sangrado por las manos», dice otra Ana, que no es Botín. Ella es trabajadora e inmigrante de origen boliviano, organizada en Las Kellys, una asociación que agrupa a «las que limpian» los hoteles. Ana López migró a finales del año 2000, su exmarido tenía un trabajo precario en Bolivia y vinieron juntos, dejando atrás a un hijo de seis meses y una hija de dos años. Pensaba que sería por poco tiempo, pero lleva 19 años viviendo en Barcelona. Su primer destino laboral fue fregar y cocinar a domicilio, con uniforme de empleada doméstica, sin contrato ni derechos. Hasta que obtuvo «los papeles» y empezó a trabajar de fija en una empresa de servicio de limpieza en edificios y comunidades. Allí trabajaba 10 horas y por las tardes hacía 3 horas más por su cuenta. Cuando llegaba a su casa, le tocaba cocinar y limpiar para sus hijos, algo que muy pocas veces le habrá tocado a Ana Botín.

Supuestamente te contratan desde las seis de la mañana hasta las dos de la tarde, pero te dan faena para hacer en 12 horas. En un edificio de 13 plantas, primero tienes que barrer y, cuando subes al ascensor, ya te ponen los trapos para limpiar los cristales y las chapas de los ascensores. Luego vuelves a subir y barres, quitas el polvo a todo, puertas, interruptores, felpudos, cristales, los interruptores de los vecinos. Todo en 20 minutos para limpiar las 13 plantas. Y una vez al mes, el terrado que siempre está muy sucio. Si no hay ascensor, hay que hacerlo andando, subiendo y bajando cada dos pisos para volver a cargar los cubos con agua. ¡Pero eso no es posible hacerlo en 20 minutos! Tardas 40 minutos o más. Y después, correr a otro edificio, 14 edificios por día[1].

Después de trabajar 16 años en la misma empresa, los dueños alegaron pérdidas y subrogaron a las trabajadoras quitándoles derechos, las trasladaron a sitios alejados y sumaron más edificios para limpiar, en el mismo tiempo y por el mismo salario. Así fue como en la PAH –donde ya estaba organizada– aconsejaron a Ana López que se acercara a Las Kellys: «Ya sabía cómo luchar por mi derecho a vivienda, ahora tenía que luchar por mis derechos laborales».

En abril de 2008, Ana Botín pronunció un discurso en la Escuela de Negocios de Deusto, en Bilbao:

> Ese discurso describe mi filosofía sobre un entorno laboral más igualitario [...]. Desde entonces estas ideas se han reflejado en las políticas de igualdad que impulsamos primero en Banesto, después en Santander en el Reino Unido y más recientemente en el conjunto del Banco Santander. En aquel discurso ponía énfasis en los beneficios de la diversidad en la empresa.

Pero esa diversidad es sólo diversidad de la explotación, muy lejos de políticas reales de igualdad cuando es la banca la que expropia las viviendas de las trabajadoras, como casi le ocurre a Ana López. Con su exmarido habían comprado un piso, pero las cuotas de la hipoteca subieron, él se quedó sin trabajo y sin derecho al paro. Decidieron volver a Bolivia y enviaron primero a sus hijos, pero al poco tiempo su exmarido se fue también,

---

[1] Ana López, integrante de Las Kellys, entrevistada por las autoras, junio de 2019, Barcelona.

abandonándola con la hipoteca. Ana López se quedó sola y no tuvo otra opción que pasar por casas de acogida. Empezó a trabajar también los fines de semana, hasta que ya no aguantó más, se quedaba dormida en los altos. Dejó de pagar y comenzaron las amenazas de desahucio. Pero su fortaleza la llevó a organizarse, contra la banca y los banqueros, contra banqueras, como Ana Botín.

Así es que Anita, como le dicen sus compañeras y compañeros, siguió luchando:

> Fui a la primera protesta en el Hotel Hilton con Las Kellys y salí en *La Vanguardia*, en una foto cuando me estaba empujando la policía. Mis jefes me vieron y me descontaron el incentivo. Por «revolucionaria», me dijeron en recursos humanos. Estuve en las manis del 8M. Somos feministas porque no pensamos sólo en nosotras, sino en todo lo que hay a nuestro alrededor. El 8M yo lo vivo como ese gran día en el que las mujeres podemos denunciar la precariedad que sufrimos[2].

Ahora Ana decidió hacer un curso para trabajar de cuidadora de personas mayores en servicios sociales: «Sé que los sueldos son precarios. Por eso me voy a organizar en el SAD (Servicio de Atención Domiciliaria) que, también como Las Kellys, trabajan en empresas externalizadas y en condiciones muy precarias».

Las *kellys,* como muchas otras, son mujeres que luchan y se organizan cotidianamente contra la explotación, los desahucios y la violencia machista, para salir de esos suelos pegajosos, mostrando cómo la pertenencia de clase delimita los contornos de su opresión. Estas experiencias están atravesadas por el doble peso de la explotación como trabajadoras y la opresión como mujeres, que interactúan. Con el término *explotación* nos referimos a la relación entre las clases y su posición respecto a los medios de producción, mediante la cual los capitalistas se apro-

---

[2] Ana López, integrante de Las Kellys, entrevistada por las autoras, junio de 2019, Barcelona.

pian del trabajo excedente de las masas trabajadoras. Mientras que la opresión da cuenta de la relación de dominación de un grupo sobre otro por razones de género, sexo, cultura, nacionalidad o etnia. Analizar los binomios inseparables de clase y género, opresión y explotación, es entonces fundamental para pensar estrategias de emancipación contra el capitalismo patriarcal. Esto nos permite no abstraer la opresión de las relaciones de explotación, sin caer tampoco en una visión mecanicista y reduccionista de clase que considere la lucha contra el machismo o el racismo como algo de segundo orden.

La «filosofía sobre un entorno laboral más igualitario» de Ana Botín se muestra como puro discurso liberal, ya que, a pesar de la conquista de algunos derechos, en la práctica estos se encuentran limitados para la gran mayoría de las mujeres. Mientras persista el capitalismo, la igualdad de las mujeres seguirá siendo una ficción que no se corresponde con la vida real, como muestra el caso de Ana López. Las cadenas que deben romper las trabajadoras no niegan la opresión que sufre la mitad de la humanidad por el solo hecho de ser mujeres, más allá de su pertenencia de clase. Ahora bien, no todas las mujeres son oprimidas por idénticas razones y, además, hay oprimidas que oprimen. La lucha contra las múltiples opresiones de las mujeres se inscribe en la historia de la lucha de clases y, en esta batalla, Ana Botín y Ana López están en trincheras opuestas.

FEMINIZACIÓN MUNDIAL DE LA FUERZA DE TRABAJO

Por primera vez en la historia del capitalismo, aproximadamente el 40 por 100 del empleo global está compuesto por mujeres[3]. Esta enorme fuerza laboral femenina permite romper el imaginario de una clase obrera reducida al obrero masculino de mono azul, único sostén y cabeza de familia, nativo y blanco. En

---

[3] G. Bravo y V. Sánchez, «La clase obrera tiene cara de mujer», *Ideas de Izquierda*, edición digital, 26 de agosto de 2018 [https://www.laizquierdadiario.com/La-clase-obrera-tiene-cara-de-mujer].

2019 la incorporación de las mujeres al mercado laboral continuó aumentando significativamente[4]. A nivel mundial más de la mitad de las mujeres de veinticinco a cincuenta y cuatro años se encuentran económicamente activas, cifra que aumenta a dos de cada tres entre las mujeres solteras. En la Unión Europea, en 2017 la tasa de empleo femenino alcanzó su nivel histórico más alto (66,4 por 100) aunque con diferencias en cada Estado miembro[5]. En Alemania, la tasa de empleo femenino es una de las más altas de Europa: 18,4 millones de mujeres en 2017, lo que representa un 75 por 100 de aquellas entre veinte y sesenta y cuatro años.

Si clase trabajadora también se escribe en femenino es debido a las profundas transformaciones del capitalismo en el último siglo[6]. Este crecimiento de la fuerza asalariada femenina vino acompañada del empeoramiento de las condiciones de trabajo, signadas por la fragmentación y división interna en múltiples categorías. Llegado el siglo XXI, en el terreno laboral se acrecientan las desigualdades de género. «Precariedad con rostro de mujer», dice una pancarta de las camareras de piso protestando en la puerta de un hotel de lujo en la costa mediterránea[7].

Pobreza y explotación también con rostro de mujer: a nivel mundial las probabilidades de trabajar en el sector informal son más altas para las mujeres que para los hombres. El 80 por 100 de las mujeres de Asia Meridional ocupadas en empleos no agrícolas

[4] ONU Mujeres, «Un nuevo informe de ONU Mujeres presenta una agenda política para poner fin a la desigualdad de género en las familias», junio de 2019 [http://www.unwomen.org/es/news/stories/2019/6/press-release-progress-of-the-worlds-women-2019], consultado el 2 de marzo de 2019.
[5] Comisión Europea – Comunicado de prensa, «Día Internacional de la Mujer 2019: más igualdad, pero el cambio es demasiado lento», 7 de marzo de 2019, consultado el 3 de junio de 2019.
[6] J. L. Martínez, «Clase obrera se escribe en femenino y plural», *Revista Contexto*, 12 de septiembre de 2018 [https://ctxt.es/es/20180912/Politica/21614/Josefina-L-Martinez-mujeres-feminismo--fuerza-laboral-movimiento-internacional.htm].
[7] C. L. Burgueño, «Feminización del trabajo y precariedad laboral en el Estado español (I)», *La Izquierda Diario*, 30 de abril de 2018 [https://www.izquierdadiario.es/Feminizacion-del-trabajo-y-precariedad-laboral-en-el-Estado-espanol-I?id_rubrique=2653].

se desempeña en este sector, una cifra que alcanza el 74 por 100 en la África subsahariana y el 54 por 100 en América Latina y el Caribe. En las zonas rurales, muchas mujeres obtienen su sustento de la actividad agrícola de pequeña escala, casi siempre de manera informal y a menudo sin salarios. Por otro lado, también están sobrerrepresentadas en los trabajos más vulnerables con condiciones precarias y bajos salarios. «Hasta 2013, el 49,1 por 100 de las mujeres trabajadoras del mundo se encontraba en situación de empleo vulnerable, a menudo sin protección de las leyes laborales»[8].

El periodista Pierre Rimbert, en el artículo «El insospechado poder de las trabajadoras»[9], señala que actualmente en Francia la fuerza asalariada femenina representa el 51 por 100 del total de la clase trabajadora frente a un 35 por 100 en 1968; un aumento que acompaña condiciones cada vez más precarias, con una brecha salarial del 25 por 100. Esta fuerza social dejó de ser invisible desde hace varios años, siendo Francia escenario de luchas y huelgas en sectores como sanidad, residencias de personas mayores y dependientes, comedores escolares o limpieza.

La gran feminización de la fuerza laboral cuestiona una de las aristas más misóginas del sistema capitalista patriarcal, que históricamente intentó limitar la participación de las mujeres en la producción como asalariadas. Aunque aquel rol exclusivo de la mujer en el hogar nunca se cumplió por completo, como veremos, en el caso de la clase trabajadora. En su expansión, el capitalismo aprovechó y promovió la división sexual del trabajo[10] no sólo entre el hogar y el empleo, sino en la misma producción,

---

[8] ONU Mujeres, «Hechos y cifras: Empoderamiento económico», febrero de 2015, [http://www.unwomen.org/es/what-we-do/economic-empowerment/facts-and-figures#notes], consultado el 2 de marzo de 2019.

[9] P. Rimbert, «El insospechado poder de las trabajadoras», *Le Monde Diplomatique* en español, enero de 2019, [https://mondiplo.com/el-insospechado-poder-de-las-trabajadoras], consultado en febrero de 2019.

[10] C. L. Burgueño, «La división sexual del trabajo y la precariedad femenina en el Estado español (II)», *La Izquierda Diario,* 9 de mayo de 2018 [https://www.izquierdadiario.es/La-division-sexual-del-trabajo-y-la-precariedad-femenina-en-el-Estado-espanol-II?id_rubrique=2653].

dando forma a una estructura laboral femenina en los trabajos más desvalorizados. Así lograba explotar doblemente a las mujeres, con enormes desigualdades y salarios de menor cuantía que los masculinos –presionando de este modo a la baja las condiciones laborales de todos–. El sistema perpetuó, al mismo tiempo, la idea de la domesticidad femenina, destinando a las trabajadoras a realizar ese trabajo no remunerado en el hogar en una doble jornada.

DEL HOGAR AL TRABAJO: UN POCO DE HISTORIA

> Y el hombre que tiene fuerzas para desvolver la tierra y para romper el campo, y para discurrir por el mundo y contratar con los hombres, negociando su hacienda, no puede asistir a su casa, a la guarda della, ni lo lleva su condición; y al revés, la mujer que, por ser de natural flaco y frío, es inclinada al sosiego y a la escasez, y es buena para guardar, por la misma causa no es buena para el sudor y trabajo del adquirir. Y así, la naturaleza, en todo proveída, los ayuntó [...][11].
>
> Fray Luis de León, *La perfecta casada*, 1583

Viajemos un poco por la historia de esta duradera división sexual del trabajo. Durante siglos se ha desempolvado este libro de conducta que, junto con la *Instrucción de la mujer cristiana* (1523) de Juan Luis Vives, se fueron reactualizando hacia los siglos XIX y XX. El libro de Vives fue traducido a varios idiomas y sirvió para difundir un modelo de mujer doméstica en toda Europa Occidental e incluso en América Latina. En España, ser asalariada en el siglo XIX implicó poner en jaque estos discursos de la domesticidad difundidos en textos como el famoso folleto de 1886, de la colección «Biblioteca para Señoritas», con la lista de obligaciones que debían cumplir las mujeres o, ya entrado el siglo XX, las ideas del famoso doctor endocrinólogo Gregorio Marañón, quien en 1920 influenció con su teoría de la diferenciación y el

---

[11] F. L. de León, *La perfecta casada*, Madrid, Espasa-Calpe, Fundación Biblioteca Virtual Miguel Cervantes [http://www.cervantesvirtual.com/obra-visor/la-perfecta-casada--1/html/ffbbf57a-82b1-11df-acc7-002185ce6064_3.html#I_3_].

carácter complementario de los sexos. En la España de 1939, el nuevo Estado franquista retomó estas viejas ideas del Siglo de Oro, y las consignas «devoción, pureza y domesticidad» fueron aclamadas por la Sección Femenina de la Falange.

La transición del siglo XIX al XX en Europa estuvo marcada por la transformación de sociedades agrarias a industriales, que se alimentaron también del trabajo asalariado femenino. Esto llevó a que «la cuestión laboral» y la «cuestión de la mujer trabajadora» estuvieran en el centro del debate en la ciencia, la política, la religión o la educación. Ulla Wikander[12] da cuenta de la tendencia de todos los Estados europeos a regular la situación laboral de la mujer con el fin de «proteger a la familia» de la «amenaza al orden social» que implicaba que se convirtiera en asalariada. Desde finales del siglo XIX y hasta el XX, en muchos países de Europa el derecho matrimonial daba al hombre el poder de decidir sobre la situación laboral de su esposa e incluso de disponer de sus ingresos. Pero, al mismo tiempo, las patronales jugaban con las ventajas de emplear a las mujeres, basándose en la idea de diferentes «aptitudes» de cada sexo para las tareas laborales.

Por otro lado, desde la segunda mitad del siglo XX se impusieron políticas estatales salariales según el sexo, y no de acuerdo con el tipo de trabajo. Los salarios de las mujeres en la industria estaban por debajo de los masculinos en toda Europa. En España, desde la Nueva Ley de Contratos Laborales de noviembre de 1931, el hombre mantenía el control del salario de la mujer, aunque con su autorización ella podía disponer de este –un derecho mínimo que volvió a retroceder bajo el régimen franquista–.

En 1938, el Fuero del Trabajo rechazaba el trabajo asalariado femenino al declarar que el Estado «liberará a la mujer casada del taller y la fábrica». Mientras, aplicó medidas que protegían

---

[12] U. Wikander, *De criada a empleada. Poder, sexo y división del trabajo (1789-1950)*, Madrid, Siglo XXI de España Editores, 2016. C. L. Burgueño, «De criada a empleada: reseña y críticas marxistas al libro de Ulla Wikander», *Ideas de Izquierda,* julio de 2018 [http://laizquierdadiario.com/Ulla-Wikander-la-division-sexual-y-la-feminizacion-del-trabajo].

a la familia para obligar a las mujeres casadas a que se dedicaran totalmente al hogar y a la maternidad en favor de la figura del padre como cabeza de familia con la Ley de Subsidios Familiares (1938) y el Plus de Cargas Familiares (1945). Durante la España franquista se utilizó todo un aparato legislativo, educativo e institucional para controlar a las mujeres, que contó con el firme apoyo de la Sección Femenina de la Falange creada en 1940 y dirigida a nivel nacional por Pilar Primo de Rivera. Hasta mayo de 1975, es decir, durante 40 años, cualquier mujer casada dependía de la autorización marital para tener un contrato laboral. Bajo la dictadura muchas mujeres fueron brutalmente reprimidas, encarceladas o asesinadas, «trabajadoras, maestras, bibliotecarias, enfermeras, oficinistas y mujeres de todos los oficios fueron depuradas de su trabajo y padecieron los rigores de la dictadura»[13].

El proceso acelerado de proletarización femenina se inició recién, a mediados de la década de 1950 y durante la de 1960, mediante migraciones masivas desde las regiones rurales hacia los centros industriales tras el llamado Plan de Estabilización en 1959. Esto tuvo consecuencias para las mujeres trabajadoras ya que se necesitaba mano de obra barata, por lo que la población laboral feminizada pasó de un 8,3 por 100 en 1940 a un 19,1 por 100 en 1970[14]. Durante esta etapa el crecimiento económico abrió nuevas ocupaciones para las mujeres: peluqueras, empleadas de comercio, oficinistas, mecanógrafas, secretarias y telefonistas.

En Europa estas transformaciones se vivieron desde mucho antes. El ideal de la mujer fuera del mercado laboral era irreal para las familias de la clase trabajadora, más aún cuando las transformaciones del capitalismo absorbían una gran cantidad de mano de obra femenina. Las mujeres salían a trabajar en condiciones de enorme precariedad y discriminación. Las que tenían suerte trabajaban en comercios, tiendas, mercados y venta

---

[13] M. Nash, *Trabajadoras: un siglo de trabajo femenino en Cataluña (1900-2000)*, Barcelona, Generalitat de Catalunya, Departamento de Treball, Unió Europea, Fons Social Europeu, 2010, pp. 129-143. Nash, *op. cit.*, pp. 127-129.
[14] *Ibid.*, p. 143.

ambulante, mientras otras lo hacían en tareas relacionadas con la esfera doméstica, de «criadas» o en el trabajo a domicilio, como talleres de costura, sin ningún reconocimiento de derechos laborales. Además, muchas mujeres eran arrojadas a una situación de prostitución si eran despedidas o no encontraban puestos de trabajo, incluso muchas de ellas ejercían la prostitución mientras trabajaban en fábricas o en el servicio doméstico para afrontar situaciones de pobreza extrema.

Renovada división sexual del trabajo, bajo un modelo de precariedad

La división sexual del trabajo no sólo es parte de la historia, sino que adquiere nuevas formas en la actualidad. Hoy se desarrolla bajo el modelo de precariedad laboral del capitalismo español, configurado en las décadas de los ochenta y noventa. A más de una década del inicio de la crisis económica, esta situación se impone de forma descarnada en amplios sectores de la clase trabajadora. Y las mujeres en particular están sufriendo este aumento de la precariedad a partir de privatizaciones de servicios públicos, reformas laborales, pérdida de decenas de miles de trabajos desviados hacia la contratación y subcontratación de servicios, etcétera.

Aunque las mujeres hemos conquistado muchos derechos, tanto democráticos y políticos como laborales, la división sexual del trabajo a nivel mundial aún se sostiene, lo hace con una continua discriminación a las mujeres atravesada por las transformaciones del capitalismo actual.

Imaginemos que estamos en el concierto de un grupo musical famoso en un estadio de fútbol, pedimos una cerveza y nos atiende una joven camarera. Cuenta que está estudiando y es el único trabajo que encuentra a jornada parcial. Pedimos un bocadillo y podemos ver a la cocinera superestresada porque tiene una cola de personas esperando y trabaja al ritmo de los gritos del jefe de barra. Cuando el concierto está acabando, aparece una fila de jóvenes y mujeres cogidos de las manos que recorren el campo del estadio para que todo el público se retire. Son las mismas que nos habían atendido en la taquilla y que después nos indicaron nuestro sitio: jóvenes que cumplen las exigencias de «buena presencia y maquillaje». Finalmente, detrás de la línea, marchan con sus escobas cientos de mujeres, barriendo el campo, mientras otras de origen africano limpian los baños. Hemos estado disfrutando de un concierto que no dependía sólo de la cantante o el guitarrista, sino de un ejército de mujeres trabajadoras que tiraban del grifo de cerveza, cocinaban, limpiaban y atendían al público.

Pero los entretelones del concierto son sólo un botón de muestra de una gran fuerza laboral femenina sobrerrepresentada en el sector de los servicios, presente en todo tipo de tareas relacionadas con la limpieza, la cocina, los cuidados, tanto en el sector privado como en el público. En las escuelas, otro sector laboral altamente feminizado y juvenil es el de monitoras de comedores escolares y tiempo libre que se ocupan del cuidado de las niñas y los niños. Una actividad muy poco valorada, que es parte integrante de la educación y se realiza en condiciones de precariedad. Este sector, junto con el de las cocineras y las empleadas de la limpieza de las escuelas, están mayoritariamente contratadas por empresas privadas.

Las mujeres trabajadoras se encuentran cada vez en más ocupaciones. Cuando comes fresas, cuando dejas a tus hijas en la escuela, cuando vas al supermercado, cuando recibes una carta en el buzón o llamas al servicio de atención al cliente, cuando disfrutas de un descanso en un hotel, es porque una mujer recolecta la fruta, otras enseñan y cocinan, la telefonista te ayuda a resolver tus quejas, la cartera ha dejado tus envíos y muchas otras mujeres están trabajando de cuidadoras.

Esto también se traduce en cifras, que muestran la estrecha relación entre la división sexual del trabajo y la precariedad de los sectores feminizados. Actualmente, en el Estado español el trabajo asalariado femenino es muy elevado en actividades sanitarias y de servicios sociales, siendo casi el 80 por 100, con una brecha salarial del 27,23 por 100. Y en las tareas de cuidados o empleadas del hogar las mujeres representan el 88,6 por 100.

Según un informe de UGT[15], en hostelería las mujeres son el 53,80 por 100. Al igual que en actividades administrativas y en otros servicios, perciben los salarios más bajos de todo el Estado. Sólo en Educación, con una presencia de mujeres del 67 por 100, la brecha salarial disminuye al 9,34 por 100.

Incluso en las actividades profesionales, científicas y técnicas, donde las mujeres son mayoría, la brecha salarial supera el 30 por 100. Y un dato que destacar es que están subrepresentadas en la industria y otros sectores de mayor cualificación laboral o mayores ingresos. Esto es señalado como causa de los contratos parciales para un 12,98 por 100 de mujeres y un 1,78 por 100 de hombres. Ellas, siete veces más, aunque la cifra debe ser aún mayor ya que la mayoría no tiene contratos y no forma parte de las estadísticas. A esta discriminación, que aporta millones a los bolsillos de los empresarios y pobreza a las trabajadoras, se la denomina «segregación horizontal» y está acompañada de la llamada «segregación vertical»[16]. Se añade que la mayoría de las trabajadoras no cualificadas permanecen de por vida en esa escala, sin ninguna movilidad laboral que mejore sus condiciones[17]. Analizaremos más en detalle estas múltiples desigualdades.

BRECHA SALARIAL Y PRECARIEDAD: «IGUALDAD» ANTE LA LEY, DESIGUALDAD ANTE LA VIDA

El artículo 28 del Estatuto de los Trabajadores en la legislación laboral española establece lo siguiente:

---

[15] Vicesecretaría General de UGT– Departamento de la Mujer Trabajadora, «La brecha salarial persiste porque se infravalora el trabajo de las mujeres», 18 de febrero de 2018 [http://www.ugt.es/sites/default/files/migration/18-02 por 10020INFORME por 10020BRECHA por 10020SALARIAL.pdf], consultado el junio de 2018.

[16] M. Pasos Morán, *Contra el patriarcado. Economía feminista para una sociedad justa y sostenible*, Pamplona-Iruñea, Katakrak, 2018.

[17] C. L. Burgueño, «Igualdad ante la ley, desigualdad ante la vida: feminización del trabajo y precariedad laboral», *La Izquierda Diario*, suplemento *Contrapunto*, mayo de 2019 [https://www.izquierdadiario.es/Igualdad-ante-la-ley-desigualdad-ante-la-vida-feminizacion-del-trabajo-y-precariedad-laboral#nb4].

El empresario está obligado a pagar por la prestación de un trabajo de igual valor la misma retribución, satisfecha directa o indirectamente, y cualquiera que sea la naturaleza de la misma, salarial o extrasalarial, sin que pueda producirse discriminación alguna por razón de sexo en ninguno de los elementos o condiciones de aquella.

Sin embargo, dos de cada tres personas que perciben los salarios más bajos son mujeres y la brecha salarial es del 23 por 100. ¿El motivo? No se debe tanto a una decisión arbitraria de las empresas de pagar salarios más bajos a las mujeres que a los hombres por la misma actividad laboral, sino a la mayor precariedad laboral en los sectores más feminizados. Como vimos, las mujeres son contratadas en áreas de trabajo infravaloradas, con contratos parciales que bajan aún más los salarios: en sectores de la industria son una minoría y en áreas de profesiones cualificadas como en la ciencia sufren enormes brechas salariales. Entre los empleos a tiempo parcial, tres de cada cuatro están ocupados por mujeres. Esta realidad también sanciona el futuro de las mujeres, con prestaciones y pensiones de pobreza, ya que la brecha salarial y laboral se traslada a la brecha de las pensiones, que alcanzó el 35 por 100 en el año 2019.

Las grandes potencias europeas no se quedan atrás en desigualdades. En Alemania la brecha salarial de género es de 21,6 por 100 y la mayoría trabaja con contratos parciales, obligadas al «pluriempleo» para llegar a fin de mes. En Francia, las trabajadoras están sobrerrepresentadas en servicios sociales, sanidad y educación, cuadruplicándose la plantilla de 500.000 a 2 millones entre 1968 y 2017, datos a los que hay que sumar a las trabajadoras de los institutos y educación superior. Según Eurostat, la proporción de mujeres trabajadoras en situación de pobreza ha pasado en ese país de 5,6 por 100 a 7,3 por 100 entre 2006 y 2017 y la gran mayoría trabaja en áreas de limpieza, comercio y asistencia personal. Entre los empleos no cualificados, el 49 por 100 de las mujeres lo realizan a tiempo parcial, frente al 21 por 100 de los hombres. En 2017, las mujeres ocupaban el 70 por 100 de los contratos temporales y el 78 por 100 de los trabajos a tiempo parcial.

En Estados Unidos, aunque muchos informes dan cuenta de que la brecha salarial alcanza en 2019 entre el 19 por 100 y 23 por 100, esta es mucho más desigual si atendemos a la discriminación racial[18]. Y si bien las tasas de desempleo han disminuido, ha sido en paralelo al aumento del empleo a tiempo parcial o contratos temporales. A la vez se han producido una serie de retrocesos en las condiciones de trabajo, como la caída en salarios reales, cuestión que ha perjudicado mucho a las mujeres. La estimación de la brecha salarial a nivel mundial, según el Informe Mundial de Salarios de la Organización Internacional del Trabajo (OIT), ha aumentado entre 2018 y 2019 del 16 por 100 al 19 por 100.

Otra transformación en el mercado laboral que ha afectado especialmente a las trabajadoras es la extensión del modelo de externalizaciones o *outsourcing,* tanto en el sector privado como en el público, como hemos visto en las escuelas. Un fenómeno que se extiende a nivel mundial, donde las externalizaciones se han difundido como un virus. Este mecanismo, que supuestamente permitiría mejorar «la eficacia, la especialización y la calidad», sostiene la rentabilidad de las empresas sobre una base de precariedad, temporalidad y rotación, ritmos de trabajo intensos y elevada tasa de accidentes de trabajo, enfermedades no reconocidas y salarios por debajo del mínimo interprofesional[19]. Este es el caso de las *kellys,* camareras de piso externalizadas por grandes hoteles: «Tomo 20 pastillas por día, para soportar todos los dolores del cuerpo por las jornadas inagotables, pero la empresa no reconoce las enfermedades como profesionales, no nos dan la baja y tenemos que trabajar enfermas para que no nos despidan», relata Vania, portavoz de ese colectivo.

El grupo IHG Intercontinental tiene 440 hoteles a nivel mundial y es el primero en cantidad de habitaciones. Como el

---

[18] Nationalpartnership.org, «America's Women and the Wage Gap», septiembre de 2019 [http://www.nationalpartnership.org/our-work/resources/economic-justice/fair-pay/americas-women-and-the-wage-gap.pdf].

[19] C. L. Burgueño y F. Grom, «Externalizaciones y empresas multiservicios: ETTs 2.0», *La Izquierda Diario*, mayo de 2018 [http://www.izquierdadiario.es/Externalizaciones-y-empresas-multiservicios-ETT-2-0].

resto de las cadenas hoteleras, aplica la externalización para las camareras de piso. A fines de 2017, las trabajadoras del Holiday Inn de Francia protagonizaron una huelga victoriosa y viajaron a Barcelona para encontrarse con Las Kellys, en busca de solidaridad internacional. A un lado y otro de las fronteras, las trabajadoras comienzan a reconocerse en una explotación similar, pero también en nuevas organizaciones de lucha.

El telemárketing es otro sector altamente precarizado y feminizado. Soledad Pino, de cincuenta y nueve años, trabaja en Madrid para Unisono desde 2004, un grupo multinacional que gestiona plataformas de diferentes servicios de atención al cliente. «Día tras día nos hacen sentir que somos trabajadoras descartables, no les importa nuestra salud ni nuestra vida. Soy una trabajadora precaria en una empresa multinacional», explica.

Los sitios de trabajo no son fijos (¡nada es fijo en este trabajo, ni siquiera el trabajo mismo!), así que cuando llegas tienes que buscar un lugar donde sentarte, perdiendo tiempo y bajando la productividad que te exige la empresa (que tanto se encargan de recordarte a diario). Esto nos obliga a llegar por lo menos 15 minutos antes cada día, para poder empezar a tu hora. Nadie nos paga por esos minutos extra. Para las empresas de telemárketing no somos más que mano de obra muy barata, números que tienen por millones. No les importan nada nuestras necesidades o nuestra salud. Y si te quejas por ello, no tardan ni un día en enviarte a la calle, porque saben que detrás de ti vendrán muchas otras a cubrir ese puesto de trabajo[20].

Este sector también viene siendo foco de huelgas y conflictos, en los que Soledad ha participado. A principios del siglo XX eran «las chicas del cable» las que sorteaban los obstáculos que se les imponían por ser mujeres en las empresas de telecomuni-

---

[20] *Pan y Rosas,* suplemento n.º 1, *Voces y relatos de mujeres trabajadoras, las que mueven el mundo,* «Mi vida como trabajadora precaria a los 54 años», mayo de 2016, pp. 26-27. [http://mujerespanyrosas.com/wp-content/uploads/2016/02/Suplemento-1-de-mayo.pdf].

caciones. Hoy, sin cables y con cascos, son miles y miles de trabajadoras en el mundo gestionando todo tipo de servicios de atención al cliente vía telefónica, aguantando los avatares de la precariedad.

Una nueva generación de trabajadoras al frente

Autoorganización, luchas y huelgas con rostros de mujeres, desde París y Berlín hasta Buenos Aires y Ciudad de México, desde Chicago y Nueva York hasta Madrid y Barcelona. Mientras las *kellys* luchan contra las empresas externalizadas y han formado un sindicato propio, en Estados Unidos las camareras de varias cadenas de hoteles se organizan y exigen el derecho a sindicarse. Y contra condiciones laborales igual de precarias protagonizaron una huelga exitosa las trabajadoras del hotel de lujo Hyatt Vendôme en París. En diferentes continentes, estas trabajadoras sienten sobre sus espaldas los mismos dolores y la misma precariedad, cargando con la misma cantidad de habitaciones para limpiar por día –entre 36 y 40–, por salarios de miseria.

En Francia, la lucha más emblemática de mujeres trabajadoras –en su mayoría inmigrantes–, ocurrió en el sector de la limpieza de estaciones de tren de la empresa contratista H. Reinier del grupo ONET, a finales de 2017. Estas valientes luchadoras sostuvieron una dura huelga de 45 días en las estaciones de la región Nord-Ile-de-France y lograron un gran apoyo de sindicatos, sectores sociales, trabajadores y trabajadoras, especialmente del sector ferroviario. Las huelguistas crearon vínculos fuertes también con las camareras del hotel Holiday Inn de Clichy y su lucha terminó triunfando. El documental *Les Petites Mains Invisibles,* realizado por Révolution Permanente[21], recoge los

---

[21] Révolution Permanente, «*Les Petites Mains Invisibles:* un film sur la lutte exemplaire et victorieuse des salariés d'ONET», marzo de 2019, [https://www.revolutionpermanente.fr/Les-Petites-Mains-Invisibles-un-film-sur-la-lutte-exemplaire-et-victorieuse-des-salaries-d-ONET].

testimonios de luchadoras como Oumou Gueye y Ami Keita, que relatan de forma emotiva cómo comenzaron una lucha que parecía imposible. Esta huelga, llevada adelante por trabajadoras inmigrantes de origen africano, demostró que se puede triunfar, conquistando el pase al convenio colectivo ferroviario.

«¡Basta de tercerización y contratos a tiempo limitado en la Universidad "Alice Salomon Hochschule"!» era la consigna de un grupo de trabajadoras de la limpieza en una universidad alemana considerada «progresista y feminista». En este caso, la solidaridad llegó de los estudiantes, que formaron un comité de apoyo contra la precariedad laboral. Sólo un botón de muestra de las múltiples luchas contra la precariedad en Alemania, las cuales han sido protagonizadas también por las trabajadoras de sanidad, entre otras.

Cruzando el océano, en enero de 2019 las trabajadoras de la enseñanza de Los Ángeles junto con sus compañeros llevaron adelante una semana de huelga que hizo historia, convocada por el sindicato de docentes UTLA (United Teachers of Los Angeles), siendo la primera de ese sindicato en 30 años con masivas manifestaciones por las calles céntricas y piquetes en casi todas las escuelas. En mayo del mismo año salieron a luchar las enfermeras de los sistemas de salud más grandes del sector privado de la ciudad de Nueva York. Alrededor de 10.000 enfermeras se organizaron para convocar una huelga por mejoras en las condiciones de trabajo y aumentos de salarios.

La empresa gráfica norteamericana Donnelley cerró las puertas de su planta en Argentina en agosto de 2014, dejando a toda la plantilla en la calle. Los trabajadores y trabajadoras se organizaron de forma inmediata y poco después se formó una Comisión de Mujeres integrada por esposas, hijas y familiares. Así se garantizó la ocupación de la fábrica, que se puso a producir bajo control obrero. Los trabajadores y trabajadoras constituyeron la cooperativa Mady Graf, que desde entonces se ha transformado en un referente de lucha en la zona norte del Gran Buenos Aires. «La Comisión de Mujeres me cambió la vida, me la cambió como mujer porque aprendí a luchar por nuestros derechos. Porque violencia sufrimos en todos lados, en nuestros lugares de trabajo, de estudio, en la calle. Y lo que está pasando hoy en día es que las mujeres nos estamos rebelando contra este patriarcado», explicaba Anahí Almada, obrera de la imprenta recuperada[22].

En hermosas ciudades turísticas como Barcelona, además de una diversa oferta cultural y ocio, existe una agenda cargada de movilizaciones, concentraciones y huelgas contra la precariedad, los desahucios, los alquileres abusivos y el racismo institucional. En este paisaje, llaman la atención las camisetas color verde de las camareras de hoteles que, con megáfono y pancarta en mano, se movilizan al grito de «Por un euro cincuenta, ¡que limpie el hotelero!», «¡No, no y no, a la externalización!». «Las *kellys* somos las que apenas tenemos tiempo para disfrutar de la ciudad por tener que trabajar de lunes a domingo», dice Vania en las puertas del Grand Hotel Central de la Via Laietana, donde cada viernes se concentran con el lema «Tea Time Protest in Hotel's Garden». No se trata de una *performance* simbólica, están jugándose los puestos de trabajo por sus derechos.

España ha sido escenario de otras luchas de mujeres trabajadoras en los últimos años. La emblemática huelga de ocho meses de Panrico, que comenzó en octubre de 2014 en la factoría de Santa Perpètua de Mogoda (Barcelona), ha sido la más larga en Catalunya desde la Transición. La fábrica de los conocidos Donuts estaba compuesta por una gran mayoría de mujeres que, siendo casi unas niñas, salieron de sus hogares para dejarse la vida trabajando. Décadas después protagonizaron una huelga cuando la empresa, gestionada por dos fondos de inversión, decidió vender varias plantas y aplicar un primer recorte rebajando salarios al 18 por 100. Tras lo cual se propuso otro ERE (Expediente de Regulación de Empresa) que supondría 745 despidos y rebajas salariales del 18 por 100, en el centro de Santa Perpètua. Las trabajadoras fueron las protagonistas funda-

---

[22] M. Pacheco, «Abrir los ojos: a Anahí la comisión de mujeres de Mady Graf le cambió la vida», *La Izquierda Diario,* 16 de marzo de 2019 [https://laizquierdadiario.com/Abrir-los-ojos-a-Anahi-la-comision-de-mujeres-de-MadyGraf-le-cambio-la-vida], consultado en mayo de 2019.

mentales de esta gran huelga, dispuestas a armar piquetes, enfrentarse a la represión, frenar camiones, dar charlas, buscar apoyo en las universidades y organizar la caja de resistencia junto a sus compañeros. Al mismo tiempo, las mujeres desempeñaron un papel crucial en la lucha contra la multinacional Coca Cola en Madrid, cuando la empresa embotelladora decidió cerrar cuatro plantas. Un nutrido grupo de trabajadoras, esposas, madres, hermanas e hijas se pusieron al frente, difundiendo el conflicto y tejiendo solidaridad con diferentes sectores en lucha, desde plataformas antidesahucios, organizaciones de mujeres y estudiantes hasta otros trabajadores. Esto les valió el mote de «las espartanas». En las manifestaciones destacaba una gran pancarta: «Las mujeres trabajadoras, libres y luchadoras». Le siguió en 2015 la huelga de Telefónica en apoyo a los trabajadores precarios de las empresas contratistas de Movistar, en la que, si bien las mujeres técnicas eran minoría, fueron parte importante de la huelga, conocida como la «revolución de las escaleras».

Hoy está naciendo una nueva generación de mujeres trabajadoras en lucha contra un modelo laboral de precariedad. En estas experiencias, se despliega una nueva subjetividad. Así lo expresaba Pilar García[23], huelguista de la fábrica Panrico:

> Lo buena que he sido para trabajar, también lo tengo que ser para defender mis derechos. No cambio lo que he hecho en ocho meses de huelga por los 42 años trabajados, fue una gran experiencia, que no la cambio por nada, sinceramente. Lo que hice, lo volvería a hacer. Y desde ahora seré luchadora toda mi vida.

Frente a quienes todavía se muestran escépticos de la clase trabajadora, o que piensan que la fragmentación y la división de la clase son insuperables, que no es posible resistir a los despi-

---

[23] *Pan y Rosas*, suplemento n.º 1, *Voces y relatos de mujeres trabajadoras, las que mueven el mundo*, «La huelga de Panrico también tuvo heroínas», mayo de 2016, p. 33 [http://mujerespanyrosas.com/wp-content/uploads/2016/02/Suplemento-1-de-mayo.pdf].

dos, estas huelgas y luchas están demostrando lo contrario. Las trabajadoras han comenzado a autoorganizarse en condiciones difíciles, muchas veces a pesar del bloqueo de las direcciones burocráticas de los sindicatos. También lo han hecho en experiencias de coordinación entre sectores dispersos por la tercerización, como las trabajadoras de la limpieza de ferrocarriles de ONET en Francia o las *kellys*.

Estas primeras batallas en el terreno de la lucha de clases muestran el rol central que pueden tener las mujeres trabajadoras contra el capitalismo patriarcal. Esta nueva fuerza laboral femenina está concentrada en posiciones estratégicas para el funcionamiento de la economía capitalista, en las grandes metrópolis, lejos del papel «subsidiario» que se les quiso imponer históricamente a las mujeres en el circuito laboral. Un factor que explica también por qué las trabajadoras comienzan a aparecer en primera fila en estas huelgas, alentadas por el movimiento feminista en auge.

Quizá lo más importante, desde nuestro punto de vista, es que allí se encuentra la base material para construir un feminismo anticapitalista, antirracista y antiimperialista que surja de la confluencia de las trabajadoras con la juventud. Un feminismo opuesto al que se mueve entre el lujo y la codicia de banqueras como Ana Botín o empresarias como Sheryl Sandberg, quien aconseja a las mujeres «trabajar duro» para ir «hacia delante». ¡Porque vaya si trabajan duro las que limpian los hoteles, las que recogen la basura en las estaciones de tren, las maestras, las recolectoras agrícolas, las obreras de las fábricas o las empleadas de correos! Pero para ir hacia delante, tendrán que sacarse de encima a aquellas que las explotan a través del trabajo.

Para la mayoría de las mujeres trabajadoras, inmigrantes, jóvenes y precarias no hay igualdad ante la vida, mientras que la «igualdad ante la ley» también se ahoga en las racistas leyes de extranjería y en la carencia de derechos laborales básicos. Por eso, en las movilizaciones del 8M, muchas trabajadoras reclaman pasar a plantilla fija y prohibir los contratos temporales, única forma de que se haga realidad la consigna «igual salario por igual trabajo». También se exige aumentar los presupuestos de sanidad, educación y servicios públicos, visibilizar las tareas de cuidados y derogar las leyes de extranjería, como parte de un programa feminista que empieza a tomar las reivindicaciones de las mujeres trabajadoras y las más oprimidas. Ellas empiezan a ser parte de este nuevo movimiento de mujeres, renovándolo con nuevas energías y reivindicaciones. O no tan nuevas, en realidad, ya que nuestras abuelas protagonizaron protestas y huelgas por demandas muy parecidas[24]. Sólo que aquellas imágenes color sepia ahora se pintan con los colores de una clase trabajadora femenina que ha crecido y se ha multiplicado. Trabajadoras que se encuentran en las calles con nuevas generaciones de jóvenes y constituyen un desafío potencial contra el sistema capitalista patriarcal. Hacen honor así a tantas madres y abuelas del mundo que lucharon por el pan y por las rosas, como decía aquella canción dedicada a las obreras textiles:

A medida que vamos marchando, marchando, traemos con
[nosotras días mejores.
El levantamiento de las mujeres significa el levantamiento de
[la humanidad.
Ya basta del agobio del trabajo y del holgazán: diez que
[trabajan para que uno repose.
Queremos compartir las glorias de la vida: ¡pan y rosas, pan y
[rosas!
Nuestras vidas no serán explotadas, desde el nacimiento hasta
[la muerte.
Los corazones padecen hambre, al igual que los cuerpos.
¡Pan y rosas, pan y rosas!

---

[24] J. L. Martínez, «Igual salario por igual trabajo, o cómo las obreras de Dagenham vencieron a Ford», *CTXT,* 30 de julio de 2019 [https://ctxt.es/es/20190724/Politica/27372/Josefina-L-Martinez-Dagenham-feminismo-Londres-empleo-huelga-salarios.htm].

III
LA CRUZADA ANTIGÉNERO DE LA EXTREMA DERECHA

Una semana antes del 8 de marzo del 2019, un bus azul iniciaba su recorrido por las calles españolas. Pintada en un tamaño gigante podía verse una imagen de Adolf Hitler, con los labios coloreados de rojo y el símbolo feminista en su frente. A su lado, una frase: «No es violencia de género, es violencia doméstica. Las leyes de género discriminan al hombre». La organización misógina y homófoba *Hazte Oír* había sacado a pasear este bus con el lema #StopFeminazis.

La imagen, verdadero pastiche posmoderno y reaccionario, concentra algunos elementos de la nueva ofensiva antigénero: un mensaje conservador envuelto en un formato de «última generación» pensado para difundirse en redes sociales. También llama la atención que los defensores de valores tradicionalistas afines a la extrema derecha acusen a las feministas de ser «feminazis». En los días previos a la huelga del 8M, los portavoces de *Hazte Oír* exigieron la derogación de las «leyes de género», asegurando que esas normativas estaban «quebrando el derecho fundamental de igualdad ante la ley, al tiempo que rompen el principio de presunción de inocencia de los hombres y de las personas acusadas por el *lobby* LGTBI». Pretenden que la violencia machista vuelva a ser considerada un asunto «privado», lo que sin duda sería totalmente reaccionario y tendría consecuencias nefastas para las mujeres.

Para reforzar esta campaña, publicaron en Twitter un video titulado «Feminismo radical en España». Repasemos algunos de sus estrafalarios argumentos:

> Cuando el bienestar en las sociedades occidentales dejó sin argumentos la lucha de clases, la izquierda marxista que había

perdido su revolución comenzó a pensar… y descubrió que enfrentando al hombre y a la mujer podía tener una nueva revolución en marcha, que podía minar el pilar de la sociedad natural y reconfigurar ideológicamente la historia y las relaciones entre las personas. Aprovechó que la mujer había estado siglos sosteniendo las casas, los hijos y las familias del mundo, y las llamó oprimidas, oprimidas por el hombre…

Una abuela sonriente sirviendo la comida, una mujer arrodillada a los pies de la cama de su esposo y otras imágenes del mismo tenor acompañaban el mensaje. Estereotipos de la familia tradicional, occidental y cristiana, que según los ideólogos de *Hazte Oír* se encuentra en peligro, producto de la «conspiración marxista-feminista». Recordemos que esta organización adquirió notoriedad en 2017, cuando sacó a pasear un bus naranja con el lema transfóbico: «Los niños tienen pene; las niñas tienen vulva. Que no te engañen. Si naces hombre, eres hombre. Si eres mujer, seguirás siéndolo».

El partido de extrema derecha Vox sostiene ideas similares. Durante la campaña electoral española, Santiago Abascal expresaba el rechazo a que «se criminalice a la mitad de la población por su sexo, con las leyes totalitarias de la ideología de género» y defendía la libertad «frente a ese feminismo que nos quiere oprimir»[1]. Mientras que Mayor Oreja, exministro del Interior de José María Aznar[2] aseguraba: «La ideología de género está diseñada para destruir los valores de nuestra sociedad. Hay una obsesión por construir una sociedad poscristiana, odian la sociedad católica».

En marzo de 2019, la ciudad italiana de Verona se convirtió en sede del Congreso Mundial de la Familia, con el objetivo de

---

[1] S. Abascal, «El líder de VOX en estado puro: sus peores frases», *El Huff-Post,* diciembre de 2018, en YouTube [https://www.youtube.com/watch?v=P_j7baLjx28], consultado el 3 de mayo de 2019.

[2] Entrevista a Jaime Mayor Oreja, «La ideología de género está diseñada para destruir nuestros valores», *La Gaceta,* 28 de diciembre de 2016 [https://gaceta.es/noticias/ideologia-genero-disenada-destruir-valores-28122016-1210/], consultado el 3 de junio de 2019.

«afirmar, celebrar y defender la familia natural como la única unidad estable y fundamental de la sociedad». En su web oficial, los organizadores indicaban que: «la familia es la institución social original que sienta las bases de una sociedad moralmente responsable». En ese congreso confluyeron grupos antiabortistas y homofóbicos que promocionan la familia heteropatriarcal como la única posible. El evento contó con el patrocinio de Matteo Salvini y el Ministerio de la Familia y la Discapacidad del Gobierno italiano, presidido entonces por el católico ultraconservador Lorenzo Fontana, miembro activo de la Fraternidad Pío X, una sociedad fundada en 1970 por el arzobispo francés Marcel Lefebvre junto con un grupo de sacerdotes ultratradicionalistas. Como respuesta, el movimiento de mujeres italiano *Non Una Di Meno* convocó masivas movilizaciones transfeministas en Verona. En su manifiesto denunciaban que «en la familia patriarcal heteronormalizada se produce y reproduce un modelo social jerárquico y sexista: es el lugar donde se verifican la mayor parte de las violencias de género y es el dispositivo que reproduce la división sexual del trabajo y la opresión».

Mientras que en el primer capítulo de este libro recorrimos los contornos del feminismo neoliberal, aquí abordamos el otro polo ideológico del capitalismo patriarcal, la cruzada antigénero. Este es un fenómeno internacional, que surge en parte como reacción ante un movimiento de mujeres que también tiene dimensiones trasnacionales.

Del Vaticano a Donald Trump: todos contra la «ideología de género»

La nueva derecha conservadora y cristiana tiene fuertes vínculos globales. El exagente del KGB y fundamentalista ortodoxo ruso Vladímir Yakunin financia el sitio Citizen Go del ultracatólico Ignacio Arsuaga, promotor de la campaña contra el derecho al aborto en España. Steve Bannon, exasesor de Donald Trump, expuso sus ideas en una conferencia en el Vaticano organizada por el Instituto Dignitatis Humanae, promovido por conservadores cristianos del Parlamento Europeo[3]. Las corrientes católicas, evangélicas y ortodoxas convergen con la extrema derecha en temas como la oposición al aborto, al matrimonio homosexual y a la educación sexual en las escuelas, a la vez que comparten un punto de vista racista y xenófobo.

El concepto de «ideología de género» fue una creación del Vaticano para demonizar las teorías feministas y *queer*. Se trata de un dispositivo retórico reaccionario con el objetivo de oponerse a la desnaturalización del orden sexual y los derechos de las mujeres y personas LGTBI. La «ideología del género» se convierte en el nuevo enemigo que derrotar y con ese objetivo se opera cierta redefinición del pensamiento religioso, adoptando un discurso menos teológico, más filosófico y sociológico, que permita una apariencia pseudocientífica para los tiempos actuales[4]. Al mismo tiempo, se incentiva un compromiso activo de los fieles contra estas nuevas herejías del siglo XXI, para mostrar poder de movilización en las calles. En este contexto, las corrientes ultraconservadoras ganan peso en el interior de la Iglesia, como sucede entre los católicos con el Camino Neocatecumenal, tendencia liderada por el español Francisco José Argüello (Kiko). Este es un movimiento tradicionalista que cuenta con al menos un millón y medio de seguidores en 106 países. En el año 2007, Kiko fue uno de los oradores en la manifestación contra la Ley de Matrimonio Igualitario en España. Un miembro de los neocatecumenales también cobró notoriedad en Italia a comienzos del año 2019: el senador Pillon propuso un proyecto de ley para restringir el derecho al divorcio. Otro integrante de los kikos, el exjuez Serrano, fue el cabeza de lista de Vox en las elecciones autonómicas de Andalucía.

Un mismo hilo atraviesa la contraofensiva católica contra el feminismo, desde los sectores más tradicionalistas hasta los su-

---

[3] D. Verdú, «El templo populista de Steve Bannon en Italia», *El País*, 21 de septiembre de 2018 [https://elpais.com/internacional/2018/09/20/actualidad/1537462031_280140.html], consultado el 4 de mayo de 2019.

[4] M. Prearo y S. Garbagnoli, *La crociata «anti-gender». Dal Vaticano alle Manif pour Tous*, Roma, Kaplan, 2018.

puestamente progresistas[5]. El expapa Ratzinger y la Congregación por la Doctrina de la Fe construyeron el enemigo, mientras corrientes ultraconservadoras como los kikos movilizaron a decenas de miles de personas en acciones multitudinarias en las calles. El 5 de mayo de 2018, el papa Francisco celebró en la Universidad de Tor Vergata el 50 aniversario de la fundación del Camino Neocatecumenal frente a 150.000 personas de todas partes del mundo. El papa «progre» legitimaba así uno de los sectores más intolerantes de la Iglesia, una especie de moderna Inquisición. Aunque muchos presentan a Bergoglio como un papa progresista, este llegó al Vaticano con un currículum repleto de antecedentes conservadores. En 2010, siendo arzobispo de Buenos Aires, se opuso de forma activa a la sanción de la Ley de Matrimonio Igualitario, asegurando que esa legislación era un movimiento del demonio «para destruir la obra de Dios».

Las Iglesias evangélicas también están a la vanguardia en la batalla antifeminista; su crecimiento exponencial es un elemento clave para los proyectos populistas de derecha, tanto en Estados Unidos como en el Brasil de Bolsonaro. En América Latina impulsan movilizaciones contra el derecho al aborto, como sucedió en Argentina, donde confluyeron con el *lobby* del papa Francisco en la oposición a que se aprobara la Ley de Interrupción Voluntaria del Embarazo.

Nuevas derechas, nuevas formas de comunicar: las corrientes más reaccionarias también se adaptan a las exigencias del mercado. La Manif Pour Tous en 2013, en Francia, marcó un hito en este sentido, adoptando discursos y métodos de los movimientos sociales (manifestaciones, manifiestos, redes sociales) para utilizarlos en sentido opuesto; incluso algunas marchas fueron convocadas con carteles que copiaban el estilo gráfico del Mayo francés. El objetivo principal de La Manif Pour Tous era la oposición a la aprobación de una ley del matrimonio entre personas del mismo sexo. También en Francia, apareció en 2016 el movimiento antiderechos Les Survivants (Los sobrevivientes), fundado por Émile Duport –un «reaccionario con ropas de hípster»,

---

[5] L. Cirillo, *Se il mondo torna uomo*, Roma, Edizioni Alegre, 2018.

como lo llamó un periodista–, que sostiene que todos los jóvenes nacidos después de 1975 son «sobrevivientes», ya que en esa fecha se aprobó la ley del derecho al aborto en Francia.

Uno de los frentes más activos de esta campaña conservadora es el ámbito escolar. Los cruzados modernos despotrican contra la introducción de contenidos de educación sexual, acusando a maestros y directores de adoctrinar a los niños en la idea de cambiar de sexo cada día. El discurso antigénero moviliza un sentido común machista, homófobo y transfóbico detrás de una supuesta defensa de la niñez. Pero qué ironía que hablen de protección de los niños quienes defienden una institución como la Iglesia católica, la cual ampara y encubre a curas abusadores de menores.

«Estáis muertos», «Fuck LGBTI», símbolos nazis y cristales rotos. Así apareció en enero de 2019 un Centro LGBTI de Barcelona que había abierto hacía una semana. La respuesta no se hizo esperar y las calles céntricas se llenaron de manifestantes. No era un hecho aislado, los ataques de grupos de extrema derecha a locales y sedes sociales y políticas LGBTI durante horarios nocturnos, con destrozos y amenazas, tienen un largo recorrido desde los primeros años de las luchas por la diversidad sexual hasta nuestros días. También son habituales las palizas callejeras por parte de estos mismos grupos, con un amplio historial de impunidad de parte de las instituciones. Las agresiones hacia el colectivo LGTBI suponen aproximadamente un 40 por 100 de las denuncias por delitos de odio. Al Observatorio Madrileño contra la LGTBIfobia llegaron 321 incidentes de odio contra el colectivo LGTBI en 2017. Eso sin contar todos aquellos casos que no llegan a denunciarse, que según la FELGTB suponen cerca del 70 por 100. Sólo en la ciudad de Madrid se produce una agresión por homofobia o transfobia cada dos días, según afirmaba recientemente la asociación Arcópoli.

La crisis capitalista abierta en 2008 profundizó la debacle de los partidos de «extremo centro»[6], el tándem de conservadores y socialdemócratas que gestionaron los gobiernos de Europa durante el neoliberalismo. En un contexto mundial con elemen-

---

[6] T. Ali, *El extremo centro*, Madrid, Alianza, 2015.

tos de crisis orgánicas en varios países, crisis de representación y grandes polarizaciones políticas, emergieron los populismos de derechas, desplegando un discurso agresivo contra los partidos tradicionales, para así capitalizar en clave reaccionaria el malestar generado durante años.

Apuntando contra la corrupción y las «elites liberales», estos partidos apelan emocionalmente a los «olvidados» del sistema, a los «perdedores» de la globalización. Ante la multiplicación de incertidumbres sobre el futuro y frustraciones por el presente, proponen recuperar la estabilidad retornando la rueda de la historia, reconstruyendo «tradiciones» y «valores nacionales» perdidos. Estos movimientos son una mezcla de nacionalismo, conservadurismo, populismo y xenofobia, a la que se suma en la mayoría de ellos la clave antieuropea[7]. Pero estas formaciones políticas no caen del cielo, las políticas neoliberales y el racismo de Estado de los partidos conservadores y socialdemócratas allanaron el camino para su ascenso. Muchos de los dirigentes de la extrema derecha, además, no son recién llegados a la política ni *outsiders,* sino que han sido parte de esos mismos partidos conservadores[8].

El fenómeno antigénero constituye un «motor de reposicionamiento y de la reconfiguración del conflicto político actual»[9] para estas nuevas derechas. La ofensiva reaccionaria religiosa encaja a la perfección con las nuevas opciones políticas populistas, porque el discurso antigénero también adopta el discurso del «pueblo contra las elites liberales», contra las instituciones y en defensa de los valores tradicionales de la familia y la nación que estarían siendo atacados por las leyes pro-LGTBI o por las personas inmigrantes.

---

[7] E. Traverso, *Las nuevas caras de la extrema derecha*, Buenos Aires, Siglo XXI Editores, 2018.
[8] J. L. Martínez, «VOX y la extrema derecha europea: un combo de nacionalismo, xenofobia y políticas antigénero», *Contrapunto,* 19 de mayo de 2019 [https://www.izquierdadiario.es/VOX-y-la-extrema-derecha-europea-un-combo-de-nacionalismo-xenofobia-y-politicas-antigenero-130153].
[9] M. Prearo, «L'opzione poopulista dei movimenti anti-gender», en Cirillo (Ed.), *Se il mondo torna uomo,* cit.

La antropóloga española Nuria Alabao asegura que el género sirve como un «pegamento simbólico» para los grupos de la extrema derecha, ya que les permite actuar conjuntamente y establecer agendas[10]. En esta tipología se pueden incluir Donald Trump, Bolsonaro, Salvini, la extrema derecha de Viktor Orbán en Hungría o Vox. Todos defienden posiciones contrarias a los derechos conquistados por las mujeres en las últimas décadas, agitando la idea de volver a un modelo de familia más tradicional. Reclaman la derogación de las leyes de matrimonio igualitario, quieren limitar o prohibir el derecho al aborto y anular las leyes de violencia de género.

Los ideólogos de la extrema derecha suelen tomar como blanco de ataque el discurso multicultural del neoliberalismo que analizamos en el primer capítulo. Aprovechan la indignación que han generado las políticas neoliberales para tirar en el mismo saco todos aquellos valores progresistas que instrumentalizó a su favor la globalización capitalista. Así vemos cómo el neoliberalismo progresista y el feminismo liberal abonaron el terreno para la emergencia de la extrema derecha misógina y homófoba.

Familia heteropatriarcal y propiedad privada

La obsesión por la familia tradicional, la maternidad obligatoria y el matrimonio siempre ha formado parte del núcleo ideológico de las derechas. Ya en el *Manifiesto comunista* de 1847, Marx y Engels respondieron a aquellos que acusaban a los comunistas de querer «abolir la familia». Los fundadores del socialismo científico señalaban que, en realidad, era el propio sistema capitalista el que destruía los lazos familiares de la clase obrera, al incorporar masivamente al trabajo a mujeres y niños en condiciones de superexplotación y extenuantes jornadas de

---

[10] N. Alabao, «El aborto, la amenaza favorita de los fundamentalistas», *Revista Contexto*, 1 de mayo de 2018 [https://ctxt.es/es/20180502/Firmas/19372/aborto-PP-antiabortistas-8M-nuria-alabao-feminismo.htm].

trabajo. También en el *Manifiesto comunista* denunciaban la «doble moral» de los predicadores burgueses: mientras que levantaban el dedo acusador contra los comunistas por querer instaurar una supuesta «comunidad de las mujeres», eran ellos quienes ejercían el «tráfico de mujeres» mediante el matrimonio por conveniencia, el adulterio (admitido socialmente sólo para los hombres) o la prostitución, tratando a las mujeres como su propiedad.

En *El origen de la familia, la propiedad privada y el Estado*, Friedrich Engels profundiza acerca de la relación histórica entre la instauración de la propiedad privada, la división clasista de la sociedad y la institución familiar patriarcal. Allí cuestiona la subordinación de las mujeres, afirmando que «el hombre tomó el mando también en el hogar; la mujer fue degradada y reducida a la servidumbre; se convirtió en la esclava de su lujuria y en un mero instrumento para la producción de hijos [...] Para asegurar la fidelidad de su mujer y, por tanto, la paternidad de sus hijos es entregada sin condiciones al poder del marido; si él la mata, sólo está ejerciendo sus derechos»[11].

Si bien la opresión de las mujeres en la familia es preexistente al capitalismo, el desarrollo de este modo de producción estableció una nueva división entre el ámbito «público» y el ámbito «privado», en el cual fueron relegadas las mujeres. La familia se consolida como el lugar central para gran parte de las actividades de reproducción de la vida, como la alimentación, el cuidado y la educación de los niños, tareas necesarias para la reproducción de la fuerza laboral. El trabajo gratuito de las mujeres no será reconocido como tal, considerado como una actividad «natural» o un «acto de amor». La familia es también un espacio privilegiado de socialización de las normas sociales jerárquicas, necesarias para mantener el *estatu quo*. Este papel de la institución familiar en el capitalismo explica, también, por qué en cada momento de radicalización de la lucha de clases se ha cuestionado con fuerza ese modelo de familia heteropatriarcal. Así suce-

---

[11] F. Engels, *El origen de la familia, la propiedad privada y el Estado* [1884], Madrid, Akal, 2017.

dió en los primeros años de la Revolución rusa, durante el periodo de entreguerras, y con más intensidad con la efervescencia social del 68.

El papel de la mujer como «guardiana del hogar» y madre a tiempo completo forma parte de la imagen del mundo bajo un esquema conservador, pero lo nuevo de la cruzada antigénero actual es que se esgrime como crítica al modelo neoliberal. En un momento marcado por enormes inseguridades sociales, consecuencia de una crisis económica que ha destruido los sueños de «ascenso social» que el capitalismo prometía en épocas pasadas, los partidos de extrema derecha proponen un «retorno» hacia valores en apariencia más estables.

Los fundamentalismos cristianos y la ultraderecha confluyen alrededor de argumentos natalistas, con un discurso que combina la «defensa de la familia» y el odio a los «extranjeros»[12]. Este combo reaccionario aparecía con mucha claridad en el discurso de Viktor Orbán durante la inauguración del Congreso de la Familia en Budapest, en el año 2017. Allí aseguraba que la «mayor cuestión existencial para la civilización europea» es el declive de la tasa de natalidad, en el marco del aumento de la inmigración, especialmente proveniente de países musulmanes. Por ese motivo, «la restauración de la reproducción natural» se convertía en la más importante causa nacional: «Nuestro objetivo también es tener tantos niños como sea posible en Hungría; porque si hay niños, hay un futuro». Con ese objetivo, propuso una serie de medidas para premiar a las madres de más de cuatro hijos y estimular a los jóvenes a ser padres. Orbán considera que sólo hay dos soluciones a la «crisis demográfica» europea: promover la inmigración –y, por lo tanto, ver la destrucción de los «valores cristianos»– o promover la natalidad de los «verdaderos» europeos. De este modo se unen en un mismo argumento la causa nacional, la xenofobia, la islamofobia y la guerra contra la «ideología del género».

---

[12] N. Alabao, «Defender a la familia contra migrantes y mujeres», *Revista Contexto*, 17 de abril de 2019 [https://ctxt.es/es/20190417/Firmas/25654/feminismo-teoria-genero-natalistas-familia-tradicional-supremacismo-alabao-pentocostales.htm].

Algo similar ocurre con la «teoría del gran reemplazo», un término creado por Renaud Camus, intelectual de referencia del supremacismo blanco, quien sostiene que el «espíritu francés» y su población caerán producto de un «gran reemplazo» llevado adelante por una sistemática invasión extranjera[13]. Combinando también intereses natalistas y odio hacia los inmigrantes, el Partido Popular español propuso en marzo de 2019 una medida increíble: retrasar la expulsión de mujeres inmigrantes que dieran sus hijos en adopción. Los conservadores españoles advertían que las mujeres podían ser expulsadas después de dar a luz, pero presentaban la medida como un apoyo a la maternidad.

En conclusión, no parece que falten ejemplos para demostrar que la defensa de la familia por parte de las derechas europeas esconde una gran hipocresía, ya que no tienen ningún problema en destrozar la vida de familias enteras cuando se trata de personas inmigrantes.

ISLAMOFOBIA DE GÉNERO, PROHIBICIONES NO MUY FEMINISTAS

La extrema derecha es heterogénea y muchos partidos establecen una relación contradictoria con «la ideología de género». Ya vimos que muchas formaciones políticas entablan una batalla frontal contra las mujeres y las personas LGTBI, desde una matriz tradicionalista y católica. Pero otras, en cambio, instrumentalizan una supuesta defensa de los derechos de las mujeres para legitimar políticas de racismo e islamofobia. Esta es la operación más tramposa, que es importante desmontar.

Ejemplos paradigmáticos son Marine Le Pen en Francia o Alternativa por Alemania –que cuenta entre sus filas con una

---

[13] S. Laurent, M. Vaudano, G. Dagorn y A. Maad, *La théorie du «grandremplacement», de l'écrivain Renaud Camus aux attentats en Nouvelle-Zélande*, 15 de marzo de 2019 [https://www.lemonde.fr/les-decodeurs/article/2019/03/15/la-theorie-du-grand-remplacement-de-l-ecrivain-renaud-camus-aux-attentats-en-nouvelle-zelande_5436843_4355770.html].

diputada lesbiana como Alice Weidel–. Estas organizaciones defienden políticas xenófobas en nombre de la defensa de las «mujeres occidentales» y sus «libertades». Proponen aumentar las expulsiones de inmigrantes y levantar muros para frenar la amenaza que implicarían para los valores «igualitarios», «laicos» y «democráticos» de Europa. Esta ideología es la base de un nuevo racismo cultural, que no se apoya tanto en un sustrato biologicista de «razas» inferiores y superiores –aunque se mantiene el sustrato racista– como en la supuesta superioridad moral y cultural de Occidente.

El sociólogo francés Éric Fassin[14] analiza lo que define como una «sexualización de la política» en Occidente y la instauración de una especie de «democracia sexualizada» como pilar de la nueva identidad nacional en los países europeos. Con estos parámetros, políticos como Sarkozy, Le Pen o Macron relacionan el «ser francés» con la defensa de la «libertad sexual» y la «igualdad». Valores que estarían amenazados por la presencia de los «otros», aquellos que mantienen a «sus mujeres» sometidas. El choque de civilizaciones que pronosticó el intelectual conservador norteamericano Samuel Huntington se transforma así en un «choque sexual de civilizaciones», una excusa que permitiría a la vieja Europa levantar muros y a Estados Unidos justificar intervenciones imperialistas en Irak y Afganistán con el objetivo de «civilizar» aquellas sociedades y «liberar» a las mujeres. Acompañando estas políticas aparece lo que algunas autoras llaman un «feminismo civilizatorio» o un «feminismo imperial»[15].

El argumento no es nuevo, todas las grandes empresas coloniales europeas se apoyaron en discursos «civilizatorios». La novedad, en todo caso, es la centralidad que ocupa la cuestión de la «diversidad sexual» para justificar estas políticas, ya se trate de la ocupación de otros países, el levantamiento de muros fronterizos o el establecimiento de fronteras internas entre

---

[14] F. Éric., «La démocratie sexuelle et le conflit des civilisations», *Multitudes* 26 (2006).
[15] H. Eisenstein, *Feminism Seduced,* Londres, Routledge, 2010.

«ellos» y «nosotros». La feminista italiana Sara Farris define como «femonacionalismo» la convergencia que se produce entre sectores de la extrema derecha, políticos neoliberales y ciertas feministas liberales para desarrollar una campaña islamófoba en nombre de los «derechos de las mujeres»[16]. A partir de los atentados de septiembre de 2011, esa idea de liberar a las mujeres de los países musulmanes se ha convertido en una verdadera obsesión de Occidente.

Las pruebas para obtener la nacionalidad en Alemania durante la primera década de los años 2000 permiten ilustrar muy bien este fenómeno. En ellas se preguntaba a los aspirantes extranjeros cuestiones como estas: «¿Cómo reaccionaría usted si su hijo le dijera que es homosexual?», «¿Piensa usted que las mujeres deben obedecer al hombre?». Lo llamativo de las preguntas, además de estar basadas en fuertes estereotipos sobre las personas migrantes, es que plantean condiciones a los «otros» para obtener la ciudadanía que a nadie se le ocurre exigir a los «propios». Así lo denunciaron en su momento varias organizaciones alemanas, sugiriendo que deberían hacerle esas mismas preguntas al expapa Ratzinger.

La islamofobia se apoya en la construcción ideológica de una polaridad entre Occidente y Oriente, mediante la cual se establece un esquema que homogeniza a las sociedades árabes y musulmanas, borrando las contradicciones de clase que las atraviesan. Del mismo modo, se pretende ocultar los enfrentamientos de clase que desgarran a las sociedades occidentales. Así se construye una imagen de las mujeres árabes y/o musulmanas como eternas víctimas pasivas que necesitan ser rescatadas. Mientras se invisibilizan las luchas de esas mujeres por su derechos –se las niega como sujetos–, se «uniformiza» a las mujeres de los países árabes (y en general de todas las excolonias), creando tópicos que generalizan los comportamientos de «las otras» desde una visión eurocentrista e imperialista. Además, se proyecta la falsa idea de que el patriarcado sólo persistiría en Orien-

---

[16] S. Farris, *In the Name of Women's Rights: The Rise of Femonationalism*, Durham, CN, Duke University Press, 2017.

te, mientras que las sociedades europeas serían páramos de igualdad y equidad. Como si la mayoría de las mujeres que viven en Europa o Estados Unidos no sufrieran opresión, precariedad o violencia de género, en especial las migrantes.

Un recorrido por la historia real de las mujeres árabes, especialmente de las trabajadoras y sectores populares, demuestra que esta tiene mucho más en común con la de las trabajadoras del resto del mundo de lo que usualmente se cree: ellas también han luchado –y lo siguen haciendo– contra dictaduras locales y poderes extranjeros. En Egipto, Túnez, Marruecos y Argelia cumplieron un papel principal durante los movimientos de descolonización. Han protagonizado importantes procesos de movilización por sus derechos políticos y sociales, mediante huelgas, movilizaciones y creando sus propias organizaciones. La historia de las mujeres árabes muestra que supieron romper con los estereotipos de las «mujeres del harén», al mismo tiempo que desarrollaban estrategias para su liberación. El movimiento feminista y de las mujeres árabes y musulmanas (desde múltiples posiciones) luchó por derechos como el sufragio femenino, por la igualdad en las condiciones de trabajo y educación, por mayores derechos en el divorcio o por el incremento de la edad de matrimonio para las niñas[17].

La islamofobia institucional se ha materializado en los últimos años en prohibiciones estatales y policiales del burkini, el burka y el nicab en países como Francia, Bélgica, Holanda, Luxemburgo, Alemania, Italia y en ayuntamientos de Catalunya. Una prohibición en nombre de la libertad para las mujeres que encubre una persecución cotidiana a la población inmigrante, perpetuada por la xenofobia y el racismo. Existen muchos debates sobre el burkini, el velo, su significado y su simbología, pero más allá de la posición que se tenga en este tema, y estemos en contra o no de su uso, es necesario rechazar las prohibiciones impuestas por la fuerza de los Estados imperialistas hacia las mujeres de países árabes y musulmanes, ya que cualquier ambi-

---

[17] C. L. Burgueño, «El feminismo frente a la islamofobia occidental», *Ideas de Izquierda* 17, marzo 2015

güedad en este sentido termina legitimando los mecanismos del colonialismo y el racismo.

Esto no implica disminuir la crítica hacia las tendencias reaccionarias del fundamentalismo islámico y religioso, así como la imposición de la ley islámica en varios países, la cual implica una redoblada opresión hacia las mujeres (como también plantean algunas feministas árabes). Como feministas anticapitalistas, somos críticas con cualquier fundamentalismo religioso –independientemente de su ejercicio o las creencias individuales– que oprime a las mujeres y a todas las personas, por eso no nos adherimos a posiciones relativistas culturales que subestiman esta cuestión. Pero pretender imponer la laicidad a minorías oprimidas en países imperialistas con el peso de la represión estatal sólo puede reforzar su opresión[18].

Desde los atentados del 11S o los de París en 2015, la islamofobia tiene como contracara la idea de la «unidad nacional» en los países occidentales[19]. Como si Europa, Francia o Alemania fueran entidades abstractas, con valores y características homogéneas. Como si fuera igual la Europa de la Revolución francesa que la de la Inquisición, la de la Revolución española que la del fascismo, la de las huelgas generales, el Otoño caliente italiano y el Mayo francés que la de Franco, De Gaulle y Churchill. La Europa que habitan millones de trabajadores nativos e inmigrantes, que la Unión Europea de los banqueros y los hombres más ricos del mundo.

Conocer los debates y experiencias históricas de las feministas y los movimientos de mujeres de los países árabes permite evitar esquematizaciones falsas y homogenizaciones contraproducentes. Es necesario romper con la imagen que las victimiza, tan arraigada en el mundo occidental, y abandonar la idea de

---

[18] C. L. Burgueño, «El feminismo será antirracista y antiimperialista o no será», *La Izquierda Diario*, 5 de septiembre de 2016 [http://www.laizquierdadiario.es/El-feminismo-sera-antirracista-y-antiimperialista-o-no-sera?id_rubrique=2653].

[19] D. Lotito y J. L. Martínez, «La islamofobia y la defensa de los "valores europeos"», *La Izquierda Diario*, 9 de enero de 2015 [https://www.laizquierdadiario.es/La-islamofobia-y-la-defensa-de-los-valores-europeos].

que los Estados imperialistas pueden ser los motores de su «liberación». Recuperar, en cambio, la subjetividad y las luchas de esas mujeres, claves para transformar sus propias sociedades. La participación de las mujeres en las revueltas de la Primavera árabe o, más recientemente, el protagonismo de las mujeres argelinas en las grandes manifestaciones contra Buteflika y en la revuelta del pueblo de Sudán contra otra dictadura, a inicios del año 2019, lo confirman.

IV

MIGRANTES: TRIPLEMENTE OPRIMIDAS, TRIPLEMENTE COMBATIVAS

Fresas con sangre: el feminismo será antirracista o no será

Una fotografía nos muestra en primer plano una alambrada. Detrás, fuera de foco, pequeñas manchas de colores destacan sobre un fondo verde. Son las espaldas de las temporeras de la fresa de Huelva, agachadas para recolectar los frutos rojos. En el verano de 2018, 10 temporeras denunciaron los abusos sexuales que sufrían en los campos de Andalucía; la noticia llegó a los medios y tuvo gran impacto en redes sociales, destapando un régimen de explotación laboral donde racismo institucional, capitalismo y patriarcado combinan recursos para maximizar ganancias.

Más de 18.000 temporeras marroquíes cruzaron en 2018 las costas españolas para participar en la temporada de recolección, en una de las mayores operaciones realizadas entre ambos países. 10.000 mujeres fueron contratadas por primera vez, el resto repetía de temporadas anteriores. Este movimiento masivo de mano de obra es resultado de los acuerdos entre el Servicio español de Asuntos Sociales, empresarios agricultores de la fresa y la Agencia Nacional de Empleo de Marruecos (Anapec). Las candidatas, reclutadas en diferentes regiones del país, deben cumplir algunos requisitos: no superar los cuarenta y cinco años, estar casadas y tener hijos menores a su cargo, para garantizar que regresen al país de origen cuando se termina la cosecha. Una vez en Andalucía, las temporeras viven aisladas durante varios meses dentro de las fincas. Cuando son contratadas les prometen alojamientos gratuitos, pero después les cobran por una cama en recintos precarios. Con salarios que no superan los 35 euros diarios, trabajan toda la jornada dobladas sobre la tierra, aguantando dolores de espalda y sin cobrar horas extras.

Alrededor de las fincas hay asentamientos de inmigrantes aún más precarios, chabolas de cartón y plástico donde miles de subsaharianos esperan a ser llamados para trabajar. En estos lugares sin agua, luz, ni sanitarios, llegan a vivir entre 1.500 hasta 3.000 trabajadores, la mayoría de ellos sin papeles. Se forma así una cadena de precariedad, con miles de personas extranjeras «disponibles» para trabajar y condicionadas de múltiples formas para aceptar peores condiciones laborales, lo que rebaja los costos patronales. Este es el milagro del «oro rojo», como denominan a la cosecha de la fresa por los altos rendimientos que implica para los propietarios.

Andalucía es la mayor productora de fresas de Europa, con 7.000 hectáreas cultivadas tan sólo en la región de Huelva. Las exportaciones de frutos rojos de esa localidad superaron los 994 millones de euros en 2018. Después de la recolección, el proceso continúa en las empresas envasadoras de hortalizas, frutas y verduras, donde trabajan en su mayoría mujeres inmigrantes. Allí pasan jornadas de entre 12 y 14 horas envasando por salarios de 6,44 euros la hora. Según fuentes sindicales, el 90 por 100 son mujeres y el 70 por 100 tienen contratos eventuales; en aquellos almacenes es algo normal que no se cumplan los convenios. El ciclo de producción y distribución se completa cuando grandes empresas multinacionales exportan el producto y las frutas de Huelva llegan a los supermercados de Alemania, Francia y Reino Unido. Desde los años noventa las patronales priorizan la contratación de mujeres extranjeras. Primero fueron trabajadoras de Europa del Este, pero ahora eligen a las marroquíes. «Preferimos mujeres casadas con hijos. Son más confiables que los hombres. Son trabajadoras y más dóciles. Sabemos que no se escaparán», decía con desparpajo un empresario andaluz[1].

---

[1] N. Messaoudi, «12.000 mères marocaines pour la fraise espagnole», 23 de mayo de 2008 [https://www.nouvelobs.com/rue89/rue89-nos-vies-connectees/20080523.RUE4323/12-000-meres-marocaines-pour-la-fraise-espagnole.html], consultado el 3 de julio de 2019.

Yerada es una localidad minera de 40.000 habitantes en el nordeste de Marruecos, cerca de la frontera con Argelia. Cuatro centrales térmicas instaladas en el pequeño municipio vuelven el aire irrespirable, pero no generan trabajo, y la mayoría de la población pasa hambre. Ante la muerte de dos mineros en un pozo abandonado en diciembre de 2017, miles de personas salieron a manifestarse desafiando las prohibiciones del Gobierno, en una verdadera rebelión popular. Exigían una rebaja en las facturas de los servicios básicos de agua y luz, pedían soluciones económicas para una zona deprimida desde el cierre de las minas de carbón hace más de 20 años. Las protestas fueron protagonizadas por la juventud y se vivieron enfrentamientos durante varias horas con la policía, en jornadas que terminaron con decenas de detenidos y cientos de heridos. El Gobierno tuvo una política fuertemente represiva que llevó a la cárcel a varios activistas, pero después implementó una serie de políticas para contener el descontento social. Una de estas medidas fue promover un contingente de 500 mujeres del pueblo de Yerada para trabajar como temporeras de la fresa en Huelva, España.

Los desplazamientos masivos de fuerza laboral de un país a otro no sólo benefician a los empresarios del país de destino, que aprovechan la mano de obra barata, sin derechos, coaccionada por las leyes de extranjería y el racismo institucional, sino que también funcionan como válvula de escape en el país de origen, donde hay crisis económica, descontento y, como en el caso de Marruecos, conflictos sociales agudos.

La denuncia de las agresiones sexuales por las temporeras de la fresa generó un importante debate en el interior del movimiento feminista español. En diciembre de 2018, coincidiendo con el Día Internacional del Migrante, se convocaron acciones en solidaridad con las temporeras, para denunciar el archivo de la causa judicial. Pero la concurrencia no fue tan masiva. Muchas se preguntaron entonces por qué el movimiento no respondía con la misma contundencia y afluencia que en otros casos. Tampoco los medios dedicaban mucho espacio a la denuncia de las mujeres marroquíes. El movimiento de mujeres se topaba con sus propios límites: podía movilizarse masivamente por la violación de una joven en un portal de Pamplona, pero se mostraba pasivo ante la sistemática explotación y los abusos sexuales a las mujeres de los campos andaluces. ¿Cómo iba a responder el movimiento de mujeres ante el racismo, la xenofobia y la explotación laboral de las mujeres? ¿Es que algunas mujeres tenían más derecho a ser escuchadas que otras?

Producto de estos cuestionamientos y de la acción de diferentes grupos y comisiones migrantes que participan en el movimiento del 8M, en 2019 la convocatoria a la huelga de mujeres incorporó con más contundencia reivindicaciones antirracistas en su manifiesto[2]. En un encuentro estatal realizado en Valencia en enero de ese año, el movimiento se definió como «anticapitalista, antirracista, antipatriarcal, anticolonial y antifascista», exigiendo el cierre de los Centros de Internamiento para Extranjeros (CIE), derogación de la Ley de Extranjería, derecho a la salud universal y papeles para todas. En el territorio español existen 8 CIE que son verdaderas cárceles para extranjeros. El 19 de diciembre de 2011, la congoleña Samba Martine murió en el CIE de Madrid. Samba tenía treinta y cuatro años y una hija que la esperaba junto con su marido en Francia. Este tipo de centros se encuentran diseminados en todo el territorio de la Unión Europea, como parte de la política migratoria común. Un grupo de artistas y activistas han elaborado una lista escalofriante con los nombres de 35.597 personas que han muerto como consecuencia de las políticas migratorias de la Europa fortaleza y cuyos datos han sido documentados desde enero de 1993 hasta septiembre de 2018.

La lucha por un feminismo antirracista no puede abordarse desde el ámbito individual o meramente cultural, como si fuera un ejercicio de autoconciencia para deconstruir privilegios. Se trata de terminar con un sistema material de racismo y xenofobia basado en leyes, muros y vallas, cárceles para extranjeros, cuerpos policiales que persiguen a los migrantes, sistemas judiciales y educativos, etc. Un racismo de Estado que garantiza y normaliza la existencia de regímenes de explotación laboral

---

[2] J. L. Martínez, «El feminismo será antirracista y anticolonial o no será», *Revista Contexto*, 20 de febrero de 2019 [https://ctxt.es/es/20190220/Politica/24604/8-de-marzo-mujeres-migrantes-kellys-antirracismo-josefina-martinez.htm].

y precariedad diferenciada para las migrantes, como en el caso de las temporeras, las trabajadoras del hogar o las limpiadoras. Un feminismo antirracista implica una lucha colectiva contra el imperialismo, pero también contra sus gestores, los gobiernos y partidos que en las últimas décadas han sostenido este sistema. Los partidos socialdemócratas neoliberales han sido garantes del racismo de la Europa fortaleza desde su fundación. No olvidemos que la primera Ley de Extranjería española fue sancionada bajo el Gobierno de Felipe González poco después de haber aprobado el ingreso de España en la OTAN, y, en 2005, con el Gobierno de Zapatero se colocaron las concertinas en las vallas de Melilla y Ceuta. El PSOE, que se presenta como el «Gobierno más feminista» de Europa, defiende la arquitectura de la Europa fortaleza que devora las vidas de miles de mujeres migrantes y sus familias cada año en el Mediterráneo.

Mujeres migrantes: las «no ciudadanas» del mundo

Neris llegó a Madrid desde República Dominicana en enero de 2008 con veintiocho años. Atrás dejaba tres hijas al cuidado de su madre. Desde los dieciséis años había trabajado como interna en casas de familia y en 2003 consiguió entrar en B. Braun, una fábrica de productos para uso médico, en la Zona Franca de Santo Domingo. Bajo el modelo de empresas maquiladoras –multinacionales deslocalizadas–, la multinacional de origen alemán había relocalizado una de sus plantas de la división norteamericana en República Dominicana a fines de los noventa. Se beneficiaba de la mano de obra barata, la ausencia de derechos laborales y exenciones impositivas. «Semanalmente me pagaban un salario de 625 dólares que era equivalente a 10,5 euros, por una jornada laboral de 44 horas a la semana. No tenía seguro médico, y las vacaciones tampoco eran pagadas.» Como salía de trabajar por la noche, Neris siempre llevaba un cuchillo en el bolso, por el riesgo de ser asaltada o agredida sexualmente[3].

---

[3] Entrevista a Neris Medina por parte de las autoras, julio de 2019, Madrid.

Cuando se enteró de la oferta laboral de VIPS en España, no lo dudó: le ofrecían un contrato de 25 horas, con un salario de 601 euros, con horario rotativo y turno partido. VIPS, El Corte Inglés o Eulen fueron algunas de las empresas que se acogieron al régimen de «contrato en origen», importando personal –muchas mujeres– desde países pobres como Colombia, Perú, República Dominicana, Rumanía y Marruecos. Así cubrían posiciones que los trabajadores nativos estaban poco dispuestos a desempeñar en una época de bonanza económica, como hostelería o limpieza. Al mismo tiempo, garantizaban un mayor control sobre las empleadas cuya estadía legal dependía del contrato y que harían todo lo posible para mantener su trabajo. Hasta el año 2007, antes de que estallara la crisis económica, llegaban cada año 200.000 inmigrantes con este tipo de contratación en origen[4].

«Ellos buscan los países que tienen peores condiciones laborales para poder traer a la gente aquí y tenernos esclavizados, es parte de la esclavitud moderna», reflexiona Neris.

Comparado con lo que ganaba en República Dominicana, primero pensó que el salario era una maravilla. Pero, entre pagar una habitación, el dinero que tenía que enviar a su familia y la deuda que había contraído con quien la ayudó a conseguir el contrato, no le alcanzaba para nada. «Me quedaba muy poco margen, no podía comprarme nada, a veces sacaba la ropa de la basura y vaciaba todos los bolsos buscando céntimos para comprar pan.» Consiguió un segundo trabajo en McDonalds y entró en una cadena de comida rápida de pollo frito, desde entonces combinó dos o tres empleos precarios.

¿Cómo se arreglaba con múltiples trabajos para organizar el resto de su vida?, le preguntamos. «Para empezar, no había vida que organizarme, porque si sales a la noche, dos o tres de la mañana de un trabajo, y entras al día siguiente por la mañana, no tienes tiempo para nada. La única vida que tenía era dormir

---

[4] T. Bárbulo, «200.000 inmigrantes llegan cada año a España con contrato de trabajo», *El País,* 29 de agosto de 2007 [https://elpais.com/diario/2007/08/29/espana/1188338401_850215.html], consultado el 3 de agosto de 2019.

dos horas entre los trabajos y llegué a currar 15 o 16 horas al día. Además, nunca te dan libre los fines de semana ni los festivos.» Con el tiempo logró traer a sus hijas mediante la política migratoria de reagrupación familiar; ahora vive con ellas y una nieta pequeña.

En las empresas de comida rápida, con plantillas altamente feminizadas y migrantes, es usual cambiar los turnos casi diariamente, además de imponer más cantidad de horas de trabajo sin retribución: «Tenías un turno de cuatro horas, pero eran las tres de la mañana y seguías ahí dentro. No te pagaban esas horas extra. Te decían que te lo devolverían después en tiempo libre. Ahí yo empecé a quejarme, a acercarme a los sindicatos y ver que tenía que hacer algo».

En 2017 se convocó por primera vez una huelga de mujeres el 8M en España, en esa ocasión los sindicatos convocaron paros sólo de media hora, pero Neris hizo huelga toda la jornada. También se adhirió a la huelga de mujeres del 8M en 2018 y en 2019, cuando participó en las enormes manifestaciones junto con sus hijas: «El 8M en la calle, con miles de mujeres, sentí una energía inmensa. Me impactó la cantidad de chicas jóvenes que había, ahí te das cuenta de la fuerza que tenemos».

La feminización de las migraciones ha aumentado en las últimas décadas. Esto no significa que las mujeres no migraran antes, claro está. Ya en 1960 las mujeres representaban el 47 por 100 del total de migrantes globales, mientras que en 2003 esta cifra ascendía al 49 por 100[5]. Pero las mujeres ya no migran sólo como «reagrupadas» o familiares de los migrantes masculinos, sino que cada vez más son ellas las que tienen la iniciativa de migrar para buscar trabajo, viajando solas o con sus hijos. Esta feminización de las migraciones se explica por múltiples motivos, en el marco de una dinámica de expulsión desde los países de origen y una fuerza de atracción hacia los países de destino.

---

[5] D. Paiewonsky, *Feminización de la migración,* Instituto Internacional de Investigaciones y Capacitación de las Naciones Unidas para la Promoción de la Mujer (INSTRAW) [http://media.onu.org.do/ONU_DO_web/596/sala_prensa_publicaciones/docs/0381880001387294964.pdf], consultado el 4 de julio de 2019.

El neoliberalismo ha sido un gran acelerador del proceso de migraciones del campo a la ciudad, un fenómeno que ha transformado la geografía de todo el planeta. En pocos años, nuevos centros urbanos han crecido como hongos y los existentes se han expandido como monstruosas formaciones metropolitanas que degluten las más cercanas. Este es uno de los rasgos más destacados de la metamorfosis espacial provocada por las políticas neoliberales. En *Planeta de ciudades de miseria*, Mike Davis destaca el crecimiento de megaciudades de más de 8 millones de habitantes y superciudades que superan los 20 millones de personas. Pero mientras que en China y el Sudeste Asiático esa expansión ocurrió en paralelo con el desarrollo industrial, en otras regiones del mundo se produjo una «urbanización sin industrialización»[6]. En grandes zonas de África, Asia y América Latina, la urbanización sin crecimiento económico dio lugar a áreas urbanas superdegradadas, sin trabajo, sin servicios adecuados y con escasez de viviendas, con la multiplicación de barriadas de chabolas o favelas en las periferias urbanas.

La introducción generalizada de la agroindustria y las políticas de endeudamiento han provocado una masiva expropiación del campesinado agrícola y el éxodo rural, dejando en ruina o semivacías las aldeas rurales. A esto se suma la expoliación y destrucción medioambiental que provocan empresas mineras, hidroeléctricas y madereras en regiones rurales de todo el planeta. Estos procesos han mantenido constante el movimiento migratorio hacia las ciudades de la periferia, aun cuando allí no se consiga empleo ni una mejora en las condiciones de vida. Desde Lagos hasta Bangladés, pasando por Río de Janeiro, México o Nairobi, cientos de miles de personas se hacinan en espacios insalubres con pobreza estructural, donde sólo pueden aspirar a trabajos muy precarios, al sector informal o al desempleo. Estas condiciones, agravadas por las guerras o fenómenos catastróficos como inundaciones, alimentan la fuerza que impulsa a millones de personas a desplazarse y migrar.

---

[6] M. Davis, *Planeta de ciudades miseria*, Madrid, Foca, 2006; nueva edición en Madrid, Akal, 2014.

Las migraciones masivas son siempre forzadas, porque casi nadie abandona voluntariamente su casa, su familia y el país donde nació. Se estima que, en los próximos 10 años, el total de emigrantes podría pasar de los 230 millones de personas que hay en la actualidad a más de 400 millones. En los últimos años se está viviendo lo que algunos han denominado la crisis migratoria más importante desde la Segunda Guerra Mundial[7]. Según ACNUR, cada minuto que pasa, 30 personas en el mundo deben abandonar sus casas por razones económicas o guerras. Esta crisis tiene relación directa con las guerras en Oriente Medio: 15 años de guerra en Afganistán dejaron 220.000 muertos, a los que se suman más de un millón en Irak y cientos de miles más entre Libia y Siria. En Sudán del Sur, 2,3 millones de personas han migrado hacia países cercanos pidiendo refugio mientras otros 1,9 millones son desplazadas internas y casi 7 millones pasan hambre.

En casos de guerras o hambrunas, se producen corrientes migratorias hacia regiones dentro del mismo país o hacia los países vecinos que también son pobres, donde millones de personas esperan poder trabajar y sobrevivir, o incluso juntar algo de dinero para después proseguir el viaje. En algunos países se han instalado zonas fronterizas especiales, como en México o Centroamérica, donde las maquilas aprovechan la migración de mano de obra para superexplotar la fuerza laboral. En esas regiones, los cuerpos de las mujeres son explotados en las fábricas multinacionales o en el negocio de la prostitución. Nadie presta atención a los feminicidios, porque esos cuerpos son «desechables».

Por otro lado, desde los países capitalistas centrales se ha activado una fuerza de atracción particular para la migración femenina. El ingreso masivo de mujeres al mundo laboral, ya sea como parte de la clase trabajadora o en sectores de clases medias profesionales, junto con el recorte de los servicios sociales

---

[7] J. Dal Maso, «Pietro Basso: "Las emigraciones son siempre forzadas"», *La Izquierda Diario*, 29 de septiembre de 2015 [https://www.laizquierdadiario.com/Pietro-Basso-Las-emigraciones-son-siempre-forzadas].

del Estado, aumentan la demanda de mano de obra para los trabajos de cuidados feminizados, los cuales se tercerizan de forma generalizada como trabajo asalariado. Las migrantes son convocadas para ocuparse como trabajadoras del hogar, cuidadoras de niños y ancianos, limpiadoras, etc. Toma forma lo que se ha denominado una *cadena global de cuidados* y *familias transnacionales*. Para poder trabajar en Europa o Estados Unidos, las migrantes dejan a sus hijos al cuidado de otras mujeres, en general madres o hermanas, en los países de origen.

En el año 2005, dos psiquiatras de Kiev identificaron una patología físico-psicológica que afectaba a miles de ucranianas y rumanas. Los síntomas eran depresión, estrés, alucinaciones, fuertes dolores corporales y tendencias suicidas. ¿Qué tenían en común todas estas mujeres? Habían migrado durante varios años a Italia para trabajar como cuidadoras o empleadas del hogar. Los especialistas lo definieron como el «síndrome italiano», un nuevo fenómeno médico-social, producto de la configuración de los cuidados a nivel global sobre la base del trabajo precario de las mujeres migrantes[8]. Lo que contaban esas mujeres de su experiencia laboral en Italia era muy parecido. Pasaron años cuidando a ancianos con demencia senil y haciendo tareas domésticas, aguantando maltratos y jornadas agotadoras de trabajo, sin descanso durante 24 horas, enviando todo el dinero que juntaban a sus familias. El sentimiento de aislamiento y soledad, el maltrato físico y psicológico, la falta de descanso, la culpa por haber dejado a los hijos, fueron destruyendo su salud. Los síntomas de depresión se agudizaron al volver a sus lugares de origen, porque tenían dificultades para readaptarse y sentían que habían perdido la relación con sus hijos.

Actualmente, 1,6 millones de cuidadoras o *badanti* trabajan en Italia, en su mayoría rumanas, ucranianas y moldavas. El efecto colateral de este fenómeno es lo que una escritora rumana ha llamado las «aldeas sin madres» donde habitan «huérfa-

---

[8] F. Battistini, «Sindrome Italia, nella clinica delle nostre badanti», *Corriere Della Sera* [https://www.corriere.it/elezioni-europee/100giorni/romania], consultado el 15 de julio de 2019.

nos blancos». Son pueblos y localidades de Rumanía donde los niños quedan al cuidado de abuelas, tías o vecinos. Se estima que allí hay 350.000 niños en esta situación, la mitad de ellos, menores de diez años. Los pequeños también presentan síntomas de depresión, ansiedad y problemas de aprendizaje. Mientras en Italia se estima que hay 13 millones de personas ancianas, y cada vez se requieren más cuidadoras, en Rumanía las personas mayores deben hacer de madres y padres, cuidando a sus nietos para que sus hijas cuiden, por salarios miserables, a los abuelos de otros.

RACISMO, CAPITALISMO E IMPERIALISMO

En el año 2004 se estrenó la película *Un día sin mexicanos,* dirigida por Sergio Arau. Producto de una extraña niebla, Estados Unidos amanece un día sin hombres y mujeres latinos. «¿Y ahora quién va a hacer todo el trabajo?», se preguntaban los desorientados gringos. El 16 de febrero de 2017 la ficción se convirtió en realidad, con una jornada de lucha contra las políticas migratorias de Donald Trump convocada como «un día sin inmigrantes». Promovida especialmente por la comunidad latina, miles de mujeres, niños y jóvenes no fueron ese día a trabajar ni a estudiar y muchos negocios se vieron obligados a cerrar sus puertas. Un día sin inmigrantes se sintió especialmente en restaurantes de ciudades como San Francisco, Nueva York, Phoenix y Washington. «Estados Unidos: sin inmigrantes están jodidos» podía leerse en una pancarta pintada a mano. La idea de bloquear el funcionamiento de la economía del país y mostrar que sin inmigrantes nada se mueve se inspiró en la convocatoria de huelga de mujeres, «Si nosotras paramos, se para el mundo», y hacía flotar en el aire la idea de la huelga general. Una medida similar, con un paro y boicot por parte de las personas inmigrantes, ya se había practicado el 1 de mayo de 2006.

El novelista británico John Berger y el fotógrafo Jean Mohr publicaron en 1975 un magnífico libro, compuesto por textos e imágenes sobre las experiencias de los migrantes «invitados».

Así se denominaba a los trabajadores de Turquía, Yugoslavia, España o el sur de Italia que migraban a Alemania, Suiza o Suecia con contratos temporales de dos años de duración, y que tras la expiración de estos eran devueltos a sus países de origen. Berger describe las enormes ventajas de este sistema para el capitalismo europeo: los migrantes constituyen una reserva de mano de obra adicional que puede «importarse» cuando los capitalistas la necesiten y «devolverse» a sus países de origen cuando ya no sea así, ahorrándose por igual seguros de desempleo y conflictos sociales, ya que las personas migrantes carecen de derechos políticos y no tienen organizaciones sindicales que los defiendan. Ocupan la escala más baja en el mundo laboral, por el salario, por sus condiciones de vida y por los escasos derechos reconocidos. Realizan los trabajos más duros o peor considerados. El Estado del país imperialista que utiliza esta mano de obra se ha «ahorrado» todo el coste previo de inversión en educación, servicios e infraestructuras necesarias para que esa fuerza laboral llegue a estar disponible, después de alimentarse, crecer y formarse hasta la vida adulta.

La película *Bread and Roses (Pan y Rosas)* de Ken Loach (2000) cuenta la lucha de un grupo de trabajadoras inmigrantes en Los Ángeles que se organiza contra la precarización laboral. Maya llega a Estados Unidos atravesando de forma ilegal la frontera y logra que la contraten en la empresa de limpieza de oficinas en la que trabaja su hermana, Rosa. Con el apoyo de un activista del sindicato, impulsa una huelga para exigir el aumento de salario, vacaciones pagas y seguro médico. En el edificio donde trabajan funcionan las sedes de grandes bancos y compañías multinacionales, los cuales externalizan la limpieza a través de empresas que contratan personal no sindicalizado. Venciendo el miedo y las presiones, la plantilla logra organizarse y mantenerse firme. La movilización de las limpiadoras con piquetes por toda la ciudad, al grito de «Sí se puede», tiene ecos en las luchas de otras trabajadoras en Estados Unidos, las camareras de hoteles o las empleadas de cadenas de comida rápida como McDonald's o Burger King. También se inspira en la lucha de la activista Dolores Huerta, quien popularizó ese canto al organizar a las mujeres latinas, trabajadoras y campesinas, en Estados Unidos.

La cuestión de las migraciones y el racismo, en su relación con el capitalismo contemporáneo, se comprende mejor con el concepto de «ejército industrial de reserva», tal como lo definieron Marx y Engels en su análisis del funcionamiento del capital. Con el desarrollo del capitalismo industrial, basado en la explotación generalizada de la clase obrera, la existencia de una reserva de mano de obra siempre disponible pasó a ser una palanca indispensable de la acumulación capitalista[9]. Este ejército industrial de reserva está compuesto, en primer lugar, por trabajadores y trabajadoras expulsados del proceso de producción o parados mantenidos fuera del mismo en momentos de crisis. La existencia de ese material humano permite al capital incorporar fuerza de trabajo en periodos de prosperidad y deshacerse de ella en momentos de crisis. Si no estuviera allí, a disposición, no podría aprovechar esos cambios bruscos en los ciclos económicos. Pero este no es el único efecto benéfico para los capitalistas, ya que la existencia de esa reserva de mano de obra desempleada presiona, por medio de la competencia, a la clase obrera ocupada, obligándola a trabajar excesivamente y a someterse a los dictados del capital, en el caso de que no quiera pasar a engrosar las filas de las personas en paro.

Ese ejército industrial de reserva se alimenta por todas aquellas «manos disponibles» para trabajar, como un ejército industrial «latente». Marx analizaba así la situación del campesinado en Inglaterra, cuyas condiciones de vida eran paupérrimas, por lo que estaban dispuestos a migrar hacia las ciudades. En las últimas décadas, millones de personas se han encontrado en esa misma situación, constituyendo una «reserva global de mano de obra» cuyos desplazamientos migratorios permiten la acumulación de capital[10]. Sobre todo desde la segunda posguerra, los países imperialistas pasaron a importar masivamente mano de

---

[9] K. Marx, *El capital*, Libro Primero, Cap. XXIII, Madrid, Siglo XXI de España Editores, 2017.

[10] S. Ferguson y D. McNally, «Precarious migrants: Gender, race and the social reproduction of a global working class» [http://davidmcnally.org/wp-content/uploads/2011/01/Ferguson_McNally.pdf].

obra, priorizando aquellos flujos procedentes de sus excolonias. En Estados Unidos, las personas migrantes aportaron la mitad del crecimiento de la fuerza laboral norteamericana entre 1995 y el año 2000. Los programas de contratación temporal de inmigrantes en origen –sobre todo para el sector agrícola– se transformaron en nuevas formas de servidumbre moderna.

Cuando Trump anunció la intención de prohibir por completo la entrada de inmigrantes desde algunos países, representantes de grandes empresas pusieron el grito en el cielo porque no querían perder a sus trabajadores «desechables». Las leyes migratorias más duras tienen el efecto de aumentar el riesgo de ser deportado, y, por lo tanto, la vulnerabilidad de los migrantes. Así se generan condiciones para que los que quedan tengan que aceptar peores condiciones laborales, que a su vez presionan hacia abajo los derechos adquiridos por el conjunto de la clase trabajadora. Los defensores del capitalismo aseguran que este sistema se basa en las libertades individuales y el «trabajo libre». Sin embargo, racismo, colonialismo y diferentes modalidades de trabajo forzado forman parte de la génesis del capitalismo. Por eso, un feminismo antirracista tiene que ser también antiimperialista y anticapitalista.

La aniquilación de las poblaciones indígenas por los conquistadores europeos en América o la utilización a gran escala de trabajo forzado, desde las plantaciones de azúcar en Brasil hasta las minas de Potosí, se justificaron degradando a los hombres y mujeres del Nuevo Mundo como seres carentes de «alma» o más cercanos a la animalidad que a la preciada civilización europea. La importación de mano de obra esclava se transformó en pieza central de la acumulación capitalista. Fue entonces cuando el concepto de «raza» tomó forma en su sentido moderno y se codificó en leyes, estableciendo que algunas personas podían ser vendidas, azotadas, violadas, expropiadas de sus hijos y explotadas para trabajar hasta morir. La racialización del trabajo esclavo se combinó con la opresión de género. Se estableció legalmente que los hijos de una mujer esclava nacerían como esclavos, con lo que se legitimaba la violación sistemática de mujeres, convertidas en máquinas de parir para proveer mano de obra a las plantaciones.

A fines del siglo XIX, las tendencias de rapiña y expoliación capitalista pegan un salto, dando paso a la fase imperialista del capitalismo. El capital extiende sus tentáculos hasta los rincones más insospechados del planeta. En poco tiempo, como si fuera por arte de magia, levanta talleres y modernas fábricas donde hasta entonces sólo había economías rurales y tradiciones locales milenarias. Esta máquina infernal de dominación global se valió cada vez más de las profundas diferencias que encontraba a su paso para poner a competir unos pueblos oprimidos contra otros y exacerbó las diferencias de género, raza y nación para sus propios fines. Para esa tarea, contó con la inestimable colaboración de las burocracias obreras, los partidos socialdemócratas y los sindicatos, que apoyaron las empresas coloniales como agentes de «civilización». El punto álgido de esa tendencia llegó en 1914, cuando la socialdemocracia europea dio beneplácito a los créditos de guerra, apoyando a sus propias burguesías y avalando que trabajadores de los diferentes países se mataran entre sí para realizar un nuevo reparto de las colonias y los mercados mundiales.

Más de un siglo después, el imperialismo sigue apoyándose en la existencia de una mano de obra disponible globalmente para su explotación diferenciada a través de la racialización y la diferencia de género. La vida de millones de mujeres inmigrantes que trabajan con salarios miserables y sin derechos políticos y sociales plenos en los países imperialistas es fundamental para la reproducción del capital en estas regiones. Por eso no es posible separar la cuestión de clase del antirracismo y del feminismo.

El 8 de marzo de 2019, durante la manifestación convocada por el colectivo feminista Non una di meno, en Milán, tuvo lugar un curioso suceso. Un grupo de mujeres se acercó a la estatua del prestigioso periodista italiano Indro Montanelli y la cubrió con pintura color rosa. Se trataba de un acto de memoria histórica feminista y una fuerte denuncia a uno de los «padres» del periodismo italiano, galardonado con el Premio Príncipe de Asturias en 1986 y considerado un intelectual liberal de renombre. En 1972, durante la emisión de un programa televisivo, una periodista había interrogado a Montanelli sobre el hecho de haber tenido un matrimonio con una niña de doce años llamada Destà durante su estancia en Etiopía, en su época de voluntario como parte del ejército colonial italiano. La periodista le dijo que eso podía considerarse una violación. La respuesta de Montanelli fue de lo más increíble: «Así es como funciona en Abisinia», dijo. «Tenía doce años, pero no me tomes por un bruto: a los doce años ya son mujeres allí. Necesitaba una mujer de esa edad. Mi suboficial me la compró, junto con un caballo y un rifle, por un total de 500 liras. [...] Era un animal dócil; cada 15 días se reunía conmigo donde quiera que estuviera junto con las esposas de los demás». El baño de pintura sobre la estatua de Montanelli reavivó el debate sobre su figura y no faltaron los defensores del periodista que argumentaron que la compra de mujeres y niñas era lo más normal en el contexto de la guerra colonial, por lo que no tenía sentido cuestionarlo. El caso Montanelli es significativo, no sólo por lo que muestra en la biografía de uno de los intelectuales «orgánicos» de la República Italiana, sino porque sus defensores se basan en un sentido común extendido que legitima un orden de violencia patriarcal y colonial contra las mujeres, presente en toda la historia europea.

V

CUIDADOS, TRABAJO REPRODUCTIVO Y DOBLE JORNADA

¿POR QUÉ SOMOS LAS MUJERES LAS QUE CUIDAMOS Y LIMPIAMOS?

> Todavía hoy, un punto clave en el tema de igualdad de oportunidades es el trabajo doméstico, a menudo el segundo turno para la mujer. De nuevo, en mi discurso de Deusto utilicé como ejemplo los datos de la Encuesta Nacional de Salud de España de 2006, que mostraban que las mujeres dedicaban un número de horas a la semana muy superior al de los hombres, tanto en el trabajo doméstico como en el cuidado de los niños (13 y 25 horas más, respectivamente). Esta sigue siendo una de las principales diferencias entre los dos géneros en Europa en la actualidad.
>
> Ana Botín

Para este feminismo liberal predicado entre banqueros, la desigualdad es algo abstracto. Pero que Botín no pueda hablar en primera persona al referirse al trabajo doméstico demuestra que no lo es. Las agendas políticas gubernamentales también proponen avanzar en la «igualdad y reconocimiento del trabajo doméstico». Sin embargo, aunque ya no es políticamente correcto defender un rol natural de la mujer ligado a la maternidad, los cuidados y las tareas del hogar, esta idea continúa perpetuándose dentro y fuera del entorno familiar.

Las mujeres dedican entre 1 y 3 horas más que los hombres al llamado trabajo doméstico no remunerado y entre 2 y 10 veces más de tiempo a los cuidados diariamente[1]. La primera pregunta que surge es: ¿por qué, tras las transformaciones del mercado

---

[1] ONU Mujeres, *Hechos y cifras: empoderamiento económico*, febrero de 2015 [http://www.unwomen.org/es/what-we-do/economic-empowerment/facts-and-figures#notes].

laboral, en el cual las mujeres representamos cerca de la mitad, una abrumadora mayoría de nosotras seguimos cargando con las tareas domésticas, soportando una doble jornada? ¿Y cuál es el motivo para que, a pesar de los nuevos avances tecnológicos que podrían permitir la socialización de las tareas domésticas, ni las lavadoras, hornos, microondas y lavavajillas han liberado a las mujeres de esta carga? Estas tareas muchas veces terminan expulsando a las mujeres del mercado laboral –en Europa, el 25 por 100 de las mujeres informa que las responsabilidades de cuidados provocan su absentismo laboral, en comparación con el 3 por 100 de los hombres– o las someten a contratos de jornada parcial y precariedad. Por último, ¿por qué la división sexual del trabajo se mantiene tanto en las estructuras familiares o personales como en el trabajo asalariado?

El trabajo doméstico engloba muchas de las tareas necesarias para la reproducción de la vida; tales como el cuidado y crianza de los niños –que incluyen en parte su educación y socialización– o el cuidado de personas enfermas y dependientes. Implica también tareas que permiten un sostenimiento y reproducción de la vida diaria, como preparar la comida, limpiar la vivienda, lavar la ropa y vestirse. En el capitalismo, todas estas tareas son necesarias para la reproducción de la fuerza de trabajo, convirtiéndose así en un sostén fundamental de la reproducción del capital. Pero, aunque el trabajo de cuidados está relacionado en este sentido con la esfera de la producción, la ideología de la domesticidad femenina lo invisibiliza en el ámbito privado del hogar, manteniendo los tópicos que lo convierten en «tareas naturales de mujeres». Vemos entonces que la feminización de los cuidados no puede explicarse sólo por los comportamientos individuales de los hombres dentro del hogar, ni por una idea de desigualdad abstracta, sino que tiene fundamentos profundos en las relaciones sociales del capitalismo patriarcal.

Estos prejuicios se trasladan también al trabajo asalariado en actividades laborales feminizadas y especialmente en las relacionadas con los cuidados. Así lo expresa Ángeles, trabajadora de servicios sociales y cuidados a domicilio de Barcelona –un sector con más de 4.000 empleadas que desde el año 2015 empezó a organizarse en todo el Estado–.

> Somos un ejército de mujeres que cuidamos de personas. El 95 por 100 somos mujeres. Los hombres son muy poquitos, trabajan mucho y son mis compañeros, pero realmente es un trabajo «de mujeres» que ha pasado al ámbito laboral. Entonces claro, si tú vives en una sociedad machista difícilmente van a reconocer este trabajo, porque ya venimos de generación en generación con la obligación de cuidar a los demás[2].

Por último, se han establecido vínculos cada vez más directos entre el trabajo doméstico y la explotación laboral, incorporando masivamente a la clase asalariada femenina a mujeres inmigrantes, especialmente para las tareas del hogar y otros trabajos precarios en los países imperialistas, bajo condiciones de sobreexplotación y precariedad, configurando lo que varias feministas denominan «cadena global de cuidados».

Rita es una inmigrante paraguaya que vive desde hace 14 años en España. Así relata su situación laboral:

> Cuando llegué estuve trabajando en varios sitios en condiciones muy precarias y sin contrato, de camarera o de empleada de hogar. Mi peor experiencia fue cuando trabajé de interna y no me dejaban ni salir, como si estuviera en una cárcel. Somos muy conscientes de la precariedad que tenemos las empleadas del hogar, de la limpieza y de cuidados. Además, realizamos esas tareas en nuestros hogares, en una doble jornada laboral que nadie nos paga, más aún después de todos los recortes en sanidad, educación y otros servicios. Es por ello que nosotras también luchamos para que el Estado garantice educación infantil, residencias y otros recursos que sean gratuitos de calidad y no se basen en el trabajo precario[3].

---

[2] *Pan y Rosas*, suplemento n.º 1, *Voces y relatos de mujeres trabajadoras, las que mueven el mundo*, «Somos un ejército de mujeres que cuidamos personas», mayo de 2016, p. 23 [http://mujerespanyrosas.com/wp-content/uploads/2016/02/Suplemento-1-de-mayo.pdf].

[3] Rita, empleada doméstica. Entrevistas realizadas durante el año 2019.

Crisis de los cuidados: recortes del Estado de bienestar y «malestar» en los hogares

La crisis del llamado Estado de bienestar en Europa ha llevado a un emplazamiento de las cargas sociales del Estado hacia los hogares. Los capitalistas descargan las sucesivas crisis económicas sobre las familias a través de recortes y privatizaciones; el desmantelamiento de los sistemas públicos de protección y servicios sociales primordiales como la educación infantil o las residencias para personas dependientes. Esta situación, que varía entre los diferentes países, siendo en Alemania, Italia y el Estado español de las más críticas, provoca mayor pobreza en los hogares y sufrimientos para las mujeres dedicadas 24 horas a los cuidados de larga duración.

Algunas economistas feministas distinguen entre Estados familiaristas y no familiaristas. Entre los primeros se encontrarían España, Portugal, Italia, Grecia o Alemania, determinados por un modelo de Estado cuyas medidas apuntan a ayudas familiares para aumentar la tasa de natalidad o para que las personas dependientes sean atendidas por sus familiares. Aquí las tareas de cuidados se consideran pertenecientes al ámbito estrictamente privado, con cierto apoyo o subsidios limitados por parte del Estado. Los no familiaristas o «individualizados», generalmente los países nórdicos, apuntarían a reforzar el modelo de Estado de bienestar en servicios públicos como residencias gratuitas para mayores, con la intención de que las mujeres se liberen de los cuidados. En países como Estados Unidos, en cambio, no existe ningún tipo de legislación que contemple permisos por maternidad retribuidos ni subsidios para educación infantil, a su vez que el sistema de salud está atado a los intereses de las grandes corporaciones farmacéuticas y aseguradoras y la educación pública se degrada en favor de la privada.

La crisis de los cuidados –junto con altos índices de pobreza, especialmente infantil y femenina– ha llevado a un fuerte descenso de la tasa de natalidad a nivel mundial que, combinado con el aumento exponencial del envejecimiento poblacional, augura un futuro dramático para las personas que cuidan.

Esto se suma a múltiples cambios materiales y subjetivos en la vida de las mujeres jóvenes, donde muchas postergan o descartan la maternidad. En el Estado español, la tasa de fecundidad ha bajado hasta 1,2 hijos/as por mujer, a pesar de las políticas denominadas «natalistas» como la Ley de Apoyo a la Maternidad del Partido Popular. Según Eurostat, para el año 2060 se proyecta una tasa de dependencia demográfica del 65 por 100, es decir «65 personas mayores de sesenta y cinco años por cada 100 personas entre quince y sesenta y cuatro años»[4]. Las cifras tampoco son muy distintas en países como Grecia, Italia y Portugal.

Las categorías de *patriarcado coercitivo* y *patriarcado del consentimiento* que proponen varias autoras feministas son interesantes para pensar los cambios de los roles de género, atravesados por las transformaciones del mercado laboral capitalista. Bajo el modelo hombre/sustentador-mujer/cuidadora, el patriarcado coercitivo funcionaba con prohibiciones y castigos a las mujeres conforme a los códigos de familia, prohibición de acceder al trabajo a las mujeres casadas o a la educación y negación de otros derechos civiles y políticos. En cambio, entre mediados y finales del siglo XX, en gran parte de los países occidentales se muta a un *patriarcado de consentimiento* en el cual gran parte de estas medidas legales son eliminadas. No obstante, en la cuestión de los cuidados, estas limitaciones no desaparecen del todo, sino que se cambian por otras más sutiles y difíciles de detectar[5]. Bajo un Estado que supuestamente brinda posibilidades de igualdad por derecho, a las mujeres ya no se las denomina *criadas* sino *cuidadoras familiares* o empleadas del hogar, pero continúan siendo las mujeres quienes se ocupan de estas actividades y en condiciones no muy diferentes a otras épocas.

El patriarcado suave o de consenso ha tendido muchas trampas con el discurso de que existe una «libertad de elección familiar» a la hora de definir quién se encarga de los cuidados. Pero,

---

[4] M. Pazos Morán, *Contra el patriarcado. Economía feminista para una sociedad justa y sostenible*, Iruñea-Pamplona, Katakrak, p. 190.
[5] *Ibid.*, p. 70.

si bien la conquista de algunos derechos es importante, muchos se vuelven inalcanzables para las más vulnerables.

La mayoría de las mujeres trabajadoras, ¿tienen posibilidad de elegir libremente ser madres o amas de casa a tiempo completo, sin ningún tipo de ingreso? Es verdad que en el Estado español existe la posibilidad de que cualquier miembro de la familia pueda adjudicarse las excedencias y prestaciones por el cuidado de personas en situación de dependencia, dándose de alta para ello con una cláusula de afinidad, es decir, para poder cuidar personas *afines* como, por ejemplo, suegros o suegras, tanto hombres como mujeres. Lo mismo ocurre con la ampliación de los permisos por nacimiento o adopción. Pero, aunque cualquier miembro de la familia puede escoger estos derechos, siguen siendo las mujeres las que más continúan «eligiendo» estas tareas. Incluso son ellas las que acaban cuidando a sus suegros, en vez de los hombres.

Este debate también está presente en la agenda gubernamental. La fórmula del PP, ya planteada por Aznar, es la de «corresponsabilidad» de los hombres, como si se tratara de un cambio en la voluntad individual de los hombres para ser parte de las tareas del hogar. El PSOE, por su parte, plantea garantizar algunas condiciones legislativas para lograr esa igualdad entre hombres y mujeres, bajo la fórmula «Conciliación más Igualdad». Pero estas propuestas quedan vacías frente a los recortes en sanidad, la vulneración de los derechos de las mujeres en situación de embarazo, la paralización de la Ley de Autonomía personal y los recortes en la Ley de Dependencia o el cierre de centros de atención diurna, ocupacionales y residencias. La ley aprobada por Zapatero bajo la que se desplegarían servicios y recursos públicos se había presentado como un avance para ayudar a todos aquellos familiares (un 93 por 100, mujeres) que ejercen las tareas de cuidados no profesionales en su propio hogar, pero con una prestación para cuidadoras por debajo de la línea de pobreza, es decir, menos de la mitad del Salario Mínimo Interprofesional. Y aunque el permiso de maternidad es pagado en un 100 por 100, existen otros permisos que no se pagan como el de excedencias o reducciones de jornadas. Los servicios públicos son insuficientes, como en educación infantil desde cero años, con pocas plazas, horarios restrictivos y costes altos, mientras que el panorama de las residencias para la atención a la dependencia es dramático: costes inasequibles, masificación y servicios de baja calidad. Existen actualmente 261.087 plazas en residencias privadas, frente a 96.464 plazas públicas[6], y, según la Coordinadora Estatal de Plataformas en Defensa de la Ley de Dependencia, han llegado a morir en el año 2017 más de 100 personas por día que se encontraban en lo que se denomina el «limbo de la dependencia», porque, aunque tenían derecho por ley a prestación o servicio, no los recibían[7].

DOBLE JORNADA: TRABAJO DOMÉSTICO Y TRABAJO ASALARIADO

Rosario, una extrabajadora de la fábrica textil Fabra i Coats en Barcelona, allá por los años sesenta dejó de trabajar cuando nació su primer hijo, para cuidar de él y de los dos que nacieron después. Hoy, tras haber tenido que cuidar a sus nietos y nietas, le toca atender a bisnietos y bisnietas. Es decir, toda una vida cuidando. Su hija Dori tiene dos hijos, pero eso no le impidió trabajar en un hospital como encargada de limpieza. Y tras jornadas laborales extenuantes, continúa limpiando y cocinando en casa. Los fines de semana descansa poco, tiene que ocuparse de sus nietos, porque su hijo y nuera trabajan. Dos generaciones separadas por cambios y transformaciones sociales, políticas y económicas que atravesaron tanto el mundo laboral femenino como el modelo de trabajo doméstico.

---

[6] «No hay suficientes residencias públicas para mayores», *Alternativas Económicas* 55 (enero de 2018) [https://alternativaseconomicas.coop/articulo/indicadores/no-hay-suficientes-residencias-publicas-para-mayores], consultado el 3 de mayo de 2019.
[7] Europa Press, «Plataformas en Defensa de la Ley de Dependencia: "No podemos permitir que mueran más de 100 personas al día"», 11 de abril de 2018 [https://www.europapress.es/epsocial/igualdad/noticia-plataformas-defensa-ley-dependencia-no-podemos-permitir-mueran-mas-100-personas-dia-20180411180412.html].

Con la entrada masiva de las mujeres como asalariadas, ha ido mutando el modelo de «ama de casa» y de hogar familiar, con cambios como el retraso en la edad de los matrimonios, la reducción de estos y el aumento de los divorcios, el mayor número de parejas no casadas y las familias monoparentales. Pero que las mujeres se convirtieran en su gran mayoría en asalariadas no las liberó de las tareas domésticas. María Pazos Morán habla de una nueva división sexual del trabajo[8], que se diferencia del anterior modelo basado en un hombre sustentador o cabeza de familia y una mujer cuidadora recluida en el hogar –el que vivió Rosario–. En cambio, se generalizó uno donde se realizan ambas actividades a la vez: la mayor parte del trabajo doméstico y la mitad del trabajo asalariado. La «doble carga» que hoy viven Dori, la hija de Rosario, y, como ella, millones de mujeres.

Mientras el trabajo asalariado femenino también ha ido mutando –ocupando el 88,6 por 100 de actividades laborales vinculadas a los cuidados, del hogar o limpieza–, en el Estado español las trabajadoras dedican diariamente a las tareas de cuidados en sus hogares una media de 4 horas y 7 minutos, cuando los hombres destinan sólo 1 hora y 54 minutos. Forzadas por esta carga adicional, muchas se ven obligadas a trabajar media jornada; tal es así que en los países de la OCDE el porcentaje de empleadas a tiempo parcial –casi imperceptible antes de la década de los setenta–, en 2015 ascendía al 25 por 100 (9,5 por 100 en los hombres)[9]. Y sólo el 55 por 100 de las madres trabajadoras retornan a su mismo puesto de trabajo al finalizar sus permisos de maternidad, frente al 100 por 100 de los padres.

En febrero de 2014, la empresa Comfica, contratista de Telefónica en Barcelona, despidió a una joven trabajadora, Vicky. ¿El motivo?, estar embarazada. «Iba todo muy bien, siempre he cumplido en todo, si había que hacer guardias, las hacía, siempre estaban contentos conmigo. Me pedían trabajar más mi jefe o mi coordinadora y yo lo hacía, a lo mejor quedándome hasta

---
[8] Pazos Morán, *op. cit.*, p. 61.
[9] *Ibid.*, p. 56.

las 12 de la noche, desde mi casa.» Cuando Vicky quedó embarazada tuvo que pedirse la baja por problemas de salud y al reincorporarse recibió un burofax de despido. Su caso tuvo mucha repercusión porque es sólo una muestra de lo que ocurre y se oculta en muchas empresas. «Yo creo que hay discriminación a las mujeres. Ellos lo que buscan ahora es eso, echar a todas las chicas que estén en edad de tener hijos para en el futuro no tener problemas, eso es discriminación y lo hacen así, directamente. A las únicas que no han echado son las que tienen reducción de jornada y si no lo hacen es porque no pueden legalmente»[10].

Más de un 25 por 100 de las mujeres pierden su trabajo cuando están en situación de embarazo, según datos de estudio del Instituto de Política Familiar, ya que muchas empresas ejercen el llamado *mobbing* maternal para «invitarlas» a que abandonen su puesto[11]. La ecuación es siniestra: trabajo a tiempo parcial, precariedad e inestabilidad laboral, brecha salarial. Resultado: las mujeres hacen más trabajo por mucha menos remuneración.

Finalmente, otro aspecto crucial es la precariedad a niveles de sobreexplotación que sufren las cuidadoras informales o familiares en el Estado español, uno de los países que más utiliza esta figura confeccionada con la Ley de Dependencia: con jornadas interminables en los hogares, prestaciones por cuidados que no aportan prestación por desempleo como si nunca hubiera tenido vida laboral, arrojadas a la dependencia económica y a la pobreza. Además, las cuantías de estas prestaciones son menores que el precio de los servicios privados o públicos.

---

[10] *Pan y Rosas,* suplemento n.º 1, *Voces y relatos de mujeres trabajadoras, las que mueven el mundo,* «Causa del despido: embarazo», mayo de 2016, p. 10, [http://mujerespanyrosas.com/wp-content/uploads/2016/02/Suplemento-1-demayo.pdf].

[11] Instituto de Política Familiar (IPF), «Conciliación de la Vida Laboral y Familiar en España» [http://www.ipfe.org/Espa por 100C3 por 100B1a/#], consultado en septiembre de 2019.

Trabajadoras del hogar y cadena global de cuidados

Miriam, hoy en Las Kellys, llegó de Ecuador al Estado español en 1999. Como no tenía papeles tuvo que trabajar como interna unos meses, sin contrato. Sólo podía salir los sábados al mediodía, hasta el lunes a la mañana que volvía a entrar:

> Cuando llegaba mi día libre me sentía como que me habían soltado después de estar enjaulada. Fue muy duro, yo acababa de llegar y no conocía a nadie. Dejé a toda mi familia para venir aquí, para trabajar de manera esclava para otra familia que no conocía de nada. Después empecé a trabajar limpiando por horas y como camarera en un bar. Pero todo eso sin contrato ya que aún no tenía papeles[12].

Miriam y Rita son parte de ese 70 por 100 de las mujeres inmigrantes cuyo primer destino laboral al aterrizar en España es de empleadas del hogar, internas, cuidadoras o en hostelería. De las casi 700.000 trabajadoras inmigrantes que ocupan empleos del hogar, alrededor de 400.000 están afiliadas a la Seguridad Social y la mitad se encuentra bajo un régimen especial que las excluye del Estatuto de los Trabajadores y de las regulaciones especiales de jornada y derecho. Rita denuncia esta situación:

> No puede ser que por ser inmigrantes tengamos que aguantar y soportar trabajos tan precarios. Por eso también exigimos acabar con el régimen especial de las empleadas de hogar y del cuidado, que legitima el pago en especies con comida o alojamiento. No tenemos derecho a la prestación del paro y una gran mayoría no tiene ni contrato. A la vez, creemos que es crucial

---

[12] *Pan y Rosas,* suplemento n.º 2, *Mujeres, trabajadoras e inmigrantes: triplemente oprimidas, triplemente combativas,* «¡Luchamos para acabar con las externalizaciones, no podemos permitir que nos exploten y perdamos la salud!», entrevista a Miriam, trabajadora inmigrante de la asociación Las Kellys Barcelona, mayo de 2018 [http://mujerespanyrosas.com/wp-content/uploads/2018/05/Folleto-PyR2-Redes.pdf].

visibilizar la realidad por la que pasan las empleadas de hogar internas. ¿Cómo es posible que en pleno siglo XXI se permita que trabajes de lunes a sábado, que estés disponible las 24 horas del día porque en ningún lugar se especifica tus horas de descanso, que no puedas salir y que estés obligada a dormir en la casa de tus jefes? ¡Incluso muchas ni libran los fines de semana! Y todo eso por un sueldo que no suele llegar ni al mínimo interprofesional, o si tienes suerte vas a cobrar como mucho 800 euros. En las manifestaciones nosotras siempre gritamos: ¡Por la abolición del trabajo de interna, porque es esclavitud moderna!

Ante esta realidad, varios colectivos, sindicatos y organizaciones de mujeres inmigrantes y trabajadoras del hogar vienen realizando campañas para la ratificación del Convenio 189 de la OIT aprobado en el año 2011. Esto obligaría a que se aplicaran ciertas mejoras, pero seguiría estando por debajo de los derechos otorgados por el Estatuto de los Trabajadores y el Régimen General de Seguridad Social. Además, continuaría legitimando el trabajo de interna y el pago en especies (artículo 12 C.189) y no especificaría que los contratos de trabajo tuvieran que aparecer necesariamente por escrito (artículo 7 C.189). Por otra parte, tampoco incluiría ninguna medida para prevenir las jornadas de trabajo de más de 10 o 12 horas diarias sin descansos a las que se ven sometidas muchas mujeres. Tal como explica Rita, ya que «la ley RD 1620/2011 considera que las 40 horas que figuran en el contrato laboral son "trabajo efectivo", pero para el resto de horas extras utiliza el tramposo concepto de "horas de presencia"», aunque las trabajadoras están obligadas a permanecer en el lugar de trabajo y por tanto, siguen prestando un servicio, porque no pueden dejar de atender a las personas dependientes que están cuidando, ya sean niños, personas mayores o con alguna enfermedad.

Actualmente, el C.189 ha sido ratificado en 25 Estados[13], por ejemplo, en Alemania, Bélgica, Suiza, Portugal, Irlanda, Finlan-

---

[13] OIT (Organización Internacional del Trabajo), Ratificación del C.189 – Convenio sobre las trabajadoras y los trabajadores domésticos, 2011 (n.º 189) [https://www.ilo.org/dyn/normlex/es/f?p=NORMLEXPUB:11300:0::NO::P11300_INSTRUMENT_ID:2551460], consultado el 14 de mayo de 2019.

dia y en otros continentes, en países como Guinea, Sudáfrica, Argentina, Chile, Bolivia o Paraguay. Pero en algunos de esos países las condiciones son incluso peores que las que sufren las mujeres en España.

Aunque en mi país, Paraguay, se ratificó este convenio en el año 2013, los tratos que reciben las empleadas del hogar allí son realmente denigrantes, a las internas se las llama criadas y la mayoría trabaja sólo a cambio de comida o para poder estudiar. Además, muchas son menores de edad, que trabajan forzosamente para familias ricas. Es el fenómeno que se llama «criadazgo», por el cual muchas familias pobres, que no se pueden hacer cargo de la crianza de sus hijos, se ven obligadas a entregarlos a familias ricas para que puedan tener un techo donde vivir, qué comer y puedan ir a la escuela[14].

En marzo de 2019, más de 50 organizaciones de empleadas del hogar de distintas ciudades del Estado español se reunieron en Zaragoza para organizar una primera red estatal con reivindicaciones como la equiparación de derechos en la Seguridad Social y la derogación de la Ley de Extranjería, junto con la exigencia de papeles para todas y todos, sin necesidad de tener un contrato. Cuestiones que han sido tomadas también por las asambleas del 8M. Rita expresa en una frase este nuevo proceso de organización: «Nos quieren triplemente oprimidas, pero nosotras somos triplemente combativas».

En Estados Unidos funciona desde 2007 la Alianza Nacional de Trabajadoras Domésticas (NDWA, por sus siglas en inglés), con afiliadas en 30 ciudades. Son 2,5 millones de niñeras, limpiadoras y cuidadoras las que realizan los trabajos relacionados con el hogar. En su mayoría son mujeres inmigrantes y racializadas. La mayoría de estas ganan por debajo del salario mínimo, afrontan situaciones de acoso sexual y no tienen acceso a la atención sanitaria, sin días de enfermedad remunerados ni vacaciones pagas. La NDWA viene avanzando en la organización de las

---

[14] Entrevista.

trabajadoras del hogar y junto con colectivos de trabajadoras agrícolas han lanzado la campaña «Mujeres trabajadoras imparables» para exigir al Congreso norteamericano que apruebe una mejora de las condiciones laborales.

En el mundo de las trabajadoras del hogar es importante destacar la atención a domicilio realizada por trabajadoras asalariadas, un servicio público, pero en gran parte privatizado y gestionado por empresas externalizadas. Las trabajadoras tienen altas tasas de precariedad e inestabilidad laboral, sin contrato, jornadas parciales y con tiempos muy limitados para cuidar a las personas dependientes. En una de las tantas concentraciones en las puertas de las oficinas de la empresa de servicios CLECE de Barcelona, una de las empresas subcontratadas por el Ayuntamiento, las trabajadoras denunciaban las condiciones laborales: «Yo estoy de baja desde el mes de octubre por un accidente en la mano. Tengo los ligamentos rotos, tendinitis, lumbares y cervicales dañadas, todo del trabajo. La empresa no me lo reconoce como accidente laboral», explicaba Lourdes. Otra trabajadora, Agueda Alonzo[15], comenta la situación laboral del colectivo:

> Empiezo a las 8 de la mañana, tenemos que ir de domicilio a domicilio con un tiempo que nos quieren recortar, que ya era corto. Yo hago muchas funciones en mi trabajo, desde levantar a un inválido, disminuidos físicos y psíquicos, comprar con el usuario, acompañarlo al banco o al médico. Son muchas funciones y todas muy importantes. Y si tenemos que luchar, pues lucharemos. Nos han ido quitando derechos. Y el Ayuntamiento se tendría que implicar un poco más con nosotras, porque CLECE es una empresa prestadora del Ayuntamiento.

El dueño de CLECE es nada más y nada menos que Florentino Pérez, presidente del Grupo ACS (Actividades de Construcción y

---

[15] *Pan y Rosas,* suplemento n.º 1, *Voces y relatos de mujeres trabajadoras, las que mueven el mundo,* «Somos un ejército de mujeres que cuidamos personas», mayo de 2016, p. 25 [http://mujerespanyrosas.com/wp-content/uploads/2016/02/Suplemento-1-de-mayo.pdf].

Servicios, S. A.) y del Real Madrid. Desde fines de los ochenta y noventa, la mayoría de los ayuntamientos, al externalizar estos trabajos, privatizaron los servicios públicos. Estas empresas se benefician de contratos de concesión –la mayoría realizados a base de prácticas corruptas– que les permiten funcionar en régimen de oligopolio y facturando unos costes sobredimensionados. Contra estos monstruos luchan estas valientes mujeres.

En las últimas décadas aumentaron de manera exponencial la movilidad de las poblaciones y el tráfico de personas, coincidiendo, no por casualidad, con el aumento monumental de la prostitución y la trata. Y con ello, la llegada de una mano de obra de mujeres inmigrantes para los servicios de empleo doméstico y de cuidados en los países imperialistas, ocupando las tareas que los maltrechos Estados de bienestar –sean familiaristas, no familiaristas o bajo el modelo de los países nórdicos– habían abandonado tras recortes y privatizaciones. Es en estos países donde mujeres con mejores situaciones laborales y salarios contratan a otras mujeres, en su mayoría migrantes o racializadas. En esta cadena global del trabajo de reproducción, ellas se apoyan en otro eslabón de mujeres más vulnerables aún en sus países de origen, que no reciben ninguna remuneración: niñas o mujeres mayores que cuidan de hermanos o nietos.

Hacia la socialización del trabajo reproductivo

Desde las instituciones y algunas corrientes feministas proponen hacer campañas de concientización para que los hombres no sólo colaboren o compartan las tareas domésticas y de cuidados, sino para que también se tomen las excedencias o cuiden las 24 horas. Claro que lograr un reparto más igualitario entre las personas que viven bajo el mismo techo es un objetivo importante, pero nunca suficiente. Y es algo imposible si una o más personas trabajan en jornadas agotadoras fuera del hogar. En esos casos, que los hombres dejen el trabajo, sin cobrar salario, para ser cuidadores bajo una extrema precariedad, al igual que las mujeres, no sería una solución efectiva contra las desigualdades.

¿Qué medidas anticapitalistas que apunten a la socialización del trabajo doméstico nos podríamos plantear? Si no nos queremos equiparar en la precariedad, será necesario sacar el trabajo doméstico de la invisibilidad de los hogares y reconvertir gran parte de este en empleo público, para que las mujeres se liberen de esa doble carga y las tareas domésticas se transformen en una rama más de la producción, realizada tanto por hombres como por mujeres: lavanderías públicas, comedores, empresas de limpieza y educación infantil. Exigir que las trabajadoras del hogar sean contratadas en servicios de atención a la dependencia públicos o dejen de ser «canguros» sin contratos ni derechos. La universalización de la educación infantil pública y de atención a la dependencia y acabar con las externalizaciones que dan vía libre a las empresas privadas es algo básico. Así también se aumentaría sustancialmente el empleo público en esta actividad laboral, reconvirtiendo esta gran fuerza laboral sin contratos ni derechos –mayoritariamente bajo economía sumergida– en empleo estable.

En el Estado español, se ha aprobado la sustitución del permiso de maternidad por un permiso igualitario para ambos progenitores, intransferible y remunerado. Esto es un paso adelante siempre que se lleve esta pelea al interior de los lugares de trabajo, dado que muchas empresas intentarán evitarlo. Sin embargo, para que la decisión de las mujeres trabajadoras de ser o no madres sea realizada libremente, sin temer perder el empleo o convertirse en económicamente dependientes, necesitamos también cambiar en profundidad las condiciones materiales. En este sentido van las medidas que apuntan a tocar las ganancias de los empresarios, contra los recortes y privatizaciones de los servicios públicos y el trabajo precario. Derogar el régimen especial para las empleadas del hogar y exigir la anulación de las leyes de extranjería, así como la reducción de la jornada laboral, sin bajar el salario, son otras de las medidas de primer orden.

Muchas veces se sostiene, en una suerte de combo de fuertes prejuicios y confusiones, que las feministas socialistas postergamos «para después de la revolución» la cuestión del trabajo doméstico. Pero, al hacer esta clase de afirmaciones, se omiten los aportes de marxistas como Clara Zetkin, Inessa Armand o Aleksandra Kolontái, que han sido muy importantes en esta cuestión, tanto en el terreno teórico como práctico. Las feministas socialistas no postergamos la lucha por la liberación de las mujeres del trabajo doméstico para un futuro indeterminado, por eso proponemos una serie de medidas fundamentales para llevar adelante desde ahora. Pero somos conscientes de que nada de esto es sostenible a largo plazo sin terminar con el sistema capitalista.

Por otro lado, la intención de recomponer el Estado de bienestar mediante algunas medidas cosméticas resulta una utopía conformista, al igual que la idea de un capitalismo con rostro humano. Estas propuestas desestiman un importante hecho: ese «bienestar» ha sido posible en algunos países centrales de Europa debido a la expoliación de los países colonizados o semicoloniales. Mientras se establecían medidas «benefactoras» para fortalecer la economía y las instituciones de los Estados imperialistas, se liberaban las fronteras para el flujo de capitales y se promovía el hundimiento de las economías en la periferia.

Algunos apuntes sobre la reproducción social

Los debates sobre el trabajo doméstico y la reproducción social han sido muy intensos en el movimiento feminista. En los años sesenta y setenta se avanzó mucho en conceptualizar las tareas domésticas, el primer paso fue definirlas como un trabajo, y no como actividades naturales que correspondían a las mujeres casadas, ya fuera por amor, por instinto o por deber. Entonces aparecieron muchas preguntas: si el trabajo doméstico era un trabajo, ¿qué producía?, ¿personas o cosas?, ¿servicios o mercancías?, ¿valores de uso o plusvalía?, ¿Y a quién beneficiaba ese trabajo?, ¿a los hombres o al capital? ¿Qué relación había entre ese trabajo y el trabajo asalariado del ámbito de la producción? ¿Y por qué recaía en las mujeres? ¿Constituía el trabajo doméstico un modo de producción separado e interrelacionado con el capitalismo? Pueden parecer cuestiones muy abstractas, pero las variadas respuestas que se dieron a estos interrogantes implicaron también estrategias de lucha distintas.

Por eso, aunque no pretendemos agotar aquí este tema complejo, nos interesa formular algunas líneas generales que permitan abordar muchos debates actuales.

Como parte de la Segunda Ola Feminista surgen la corriente materialista fundada por Christine Delphy en Francia y el feminismo operaísta italiano, cuyas referentes fueron Alisa del Re y Mariarosa Dalla Costa. Ambas tendencias se centraron en la cuestión del trabajo doméstico efectuado por las mujeres en el seno de la familia, con análisis afines sobre su naturaleza, considerándolo como explotación de trabajo reproductivo, a la vez que reprochaban al marxismo tradicional una supuesta subestimación de este por no considerarlo como un trabajo productivo. Desde su punto de vista, el trabajo doméstico produce mercancías y, por consiguiente, valor. Ese trabajo doméstico no retribuido generaría plusvalía apropiada por otros. No obstante, en este punto estas corrientes plantean análisis y propuestas divergentes.

El feminismo materialista de Delphy consideraba que los que se apropian del trabajo doméstico son los hombres concretos del hogar –marido, padre, hermano–, negando que sea el capitalismo el beneficiario directo de ese trabajo. De esta manera existiría un modo de producción patriarcal invisibilizado en el que hombres y mujeres constituyen dos clases antagonistas, en el que serían los hombres los que explotan el trabajo de las mujeres. Christine Delphy parte de la existencia de una única clase integrada por todas las mujeres, ya sean esposas de magnates de la industria o mujeres pobres. Así lo explica en su escrito «L'ennemi principal» («El enemigo principal»). En el Estado español, esta corriente estuvo representada desde 1976 por el Colectivo Feminista, cuya referente era María Dolores Vigil, quien presentó los postulados de Christine Delphy en un artículo, titulado «Contra el poder patriarcal», en el que planteaba también la común opresión de las mujeres como clase. Esta postura avanzó con la constitución, tras diversas escisiones, del Partido Feminista fundado por Lidia Falcón, que se inscribía en el feminismo materialista y proponía conquistar el poder político para las mujeres y eliminar el modo de producción doméstico como base del sistema patriarcal. Su libro referente es *La razón feminista. La mujer como clase social y económica. El modo de producción doméstico* (1981).

Sin embargo, la idea de las mujeres como una clase no se sostiene desde nuestro punto de vista: sería creer que, sólo por el hecho de ser mujeres, algo vincula más a Ana Botín con Miriam de Las Kellys o con Rita que a ellas con sus compañeros de lucha, trabajadores e inmigrantes. Es, por lo tanto, un reduccionismo biologicista sin igual o la instauración de una categoría abstracta de mujeres, que desarma al movimiento feminista y a la clase trabajadora para las luchas que tienen planteadas.

Las mujeres no constituyen una clase por sí misma, sino que integran las diferentes clases sociales y son parte de un grupo interclasista, mientras que las clases sociales incluyen la diferencia de género, entre otras. Un ejemplo de este cruce entre clase y género lo podemos ver en las tareas domésticas: la pertenencia de clase implica que una ínfima minoría puede desentenderse por completo de realizar este trabajo en el capitalismo. Mientras algunas mujeres pueden contratar trabajo asalariado en sus hogares, la gran mayoría soporta una doble jornada y millones en el mundo trabajan en casas de familias ricas en condiciones de sobreexplotación.

Además, las clases sociales tienen intereses antagónicos, opuestos, irreconciliables. Por ejemplo, Ana Botín se opone a la expropiación de la banca, una medida que sería fundamental para miles de familias desahuciadas. En el caso de las mujeres y los hombres de las clases trabajadoras, en cambio, aun cuando existe opresión a las mujeres en el interior de la clase, sus intereses no son opuestos, sino que confluyen y pueden hacerlo incluso en el terreno de las tareas domésticas. Los varones se beneficiarían de luchar en común con sus compañeras contra el machismo y por socializar los trabajos domésticos, para disfrutar en común del tiempo libre.

Las feministas autonomistas italianas tenían un análisis diferente. Planteaban que las mujeres soportan, junto con sus maridos, hijos y padres, la explotación capitalista y que, al producir la mercancía fuerza de trabajo, generan valor, del que se apropia el capital. Ante ello, su propuesta reivindica un salario para la retribución del trabajo reproductivo y su reconocimiento como trabajo productivo. Mariarosa Dalla Costa en Italia, Silvia Federici en Nueva York y Brigitte Galtier en París formaron el Colectivo Feminista Internacional para coordinar acciones en diversos países a través de una red de comités «por el salario para el trabajo doméstico» y ubicaron la figura de ama de casa como un sujeto transformador clave.

Sobre la cuestión de si el trabajo doméstico es productivo o improductivo, Celeste Murillo y Andrea D'Atri polemizan con Silvia Federici y explican que el hecho de que Marx, en *El capital*, no haya definido el trabajo doméstico como productivo no implica una valoración moral y mucho menos que sea considerado inútil, sino que se trata de una categoría específica, referida al hecho de que no genera valores de cambio. Y aunque no se haya ocupado de manera particular de ese trabajo reproductivo en sus análisis, Marx estableció el vínculo entre producción y reproducción, a pesar de su aparente separación[16].

Digamos también algunas cosas en relación con el papel que pueden desempeñar las amas de casa como posible sujeto revolucionario. Es cierto que las mujeres de la clase trabajadora han sabido construir puentes entre el hogar, el barrio y los centros de trabajo a través de su participación en luchas por la vivienda, el transporte y las escuelas públicas, contra el aumento de los precios, las luchas democráticas o por derechos reproductivos, etc. En el Estado español, cientos de gestas obreras hubieran sido imposibles de llevarse a cabo sin el apoyo de las «comisiones de mujeres», formadas por esposas, madres o hermanas de los huelguistas, para hacer cajas de resistencia o guarderías para las familias en huelga. No reconocer este hecho sería equivocado y negaría ese rol potencial de las mujeres para establecer alianzas entre diferentes sectores en lucha. Sin embargo, igual de erróneo sería obviar que son las posiciones estratégicas de la

---

[16] A. D'Atri y C. Murillo, «Nosotras, el proletariado», *Ideas de Izquierda*, julio de 2018 [http://www.laizquierdadiario.com/Nosotras-el-proletariado].

clase asalariada, en los servicios, la industria, la banca o el transporte, las que permitirían paralizar y desarticular el conjunto de la economía capitalista. La feminización del trabajo asalariado y su ampliación a diversos sectores –rural, industrial, servicios, empleo doméstico– fortalece ese potencial desafío al sistema capitalista por parte de las trabajadoras junto con el resto de su clase social. Y así ya lo vienen demostrando las mujeres que se encuentran a la vanguardia de muchas luchas laborales.

Por último, desde el feminismo marxista, Lise Vogel[17] desarrolló un análisis de la reproducción social. Ariane Díaz dedica dos interesantes artículos[18] a reseñar su libro *Marxism and the Oppression of Women (El marxismo y la opresión de las mujeres)*, originalmente publicado en 1985 y reeditado recientemente. El argumento de Vogel es que, si bien Marx consideraba la reproducción de la fuerza de trabajo como un aspecto central para la reproducción del capital, nunca llegó a desarrollar una exposición de todo lo que esto implicaba. Desplegando esa idea, Vogel señala tres clases de procesos que permiten la reproducción de la fuerza laboral en las sociedades de clase: actividades para que los productores repongan sus energías diariamente antes de volver a trabajar; aquellas destinadas a mantener a los miembros de las clases subordinadas que no trabajan (niños, mujeres, ancianos, enfermos); y, finalmente, el proceso de renovación de la fuerza laboral a largo plazo. Si bien el mecanismo ineludible es el reemplazo generacional, también existen otros, como el ingreso de trabajadoras que se mantenían fuera de la fuerza laboral o por la vía de las migraciones. Las familias se convierten así en un espacio institucionalizado para la reproducción y el mantenimiento de la fuerza laboral, base sobre la cual se erigen las estructuras de la dominación masculina, reforzadas a través de múltiples instituciones sociales. La opresión de las mujeres encuentra una raíz clave en este proceso.

---

[17] L. Vogel, *Marxism and the Oppression of Women: Toward a Unitary Theory*, Historical Materialism Ed., 1983 (edición revisada, 2013).

[18] A. Díaz, «Economía política de la reproducción social I: trabajo y capital», *Ideas de Izquierda*, 14 de julio de 2019, y «Economía política de la reproducción social II: patriarcado y capitalismo», *Ideas de Izquierda*, 21 de julio de 2019.

En el sistema capitalista se generaliza la producción de mercancías. Producidas para intercambiarse en el mercado, todas las mercancías tienen un valor de uso y un valor (un tiempo de trabajo socialmente necesario) expresado como «valor de cambio» (cuya manifestación es el precio). Pero Marx señaló que entre todas las mercancías existe una muy especial, la fuerza de trabajo. Su particularidad es la capacidad de generar, cuando la emplea el capitalista, un valor muy superior al que cuesta la propia fuerza laboral. Por ejemplo, cuando una trabajadora es contratada durante 8 horas de trabajo, durante esa jornada produce un número de mercancías o productos que contienen un valor tal, muy superior a lo que «cuesta» la fuerza laboral, expresada en salario, de esa misma trabajadora.

¿Y cuánto «cuesta» esa fuerza laboral, cómo se determina su valor? Al igual que el resto de las mercancías, se determina por la cantidad de trabajo socialmente necesario incorporado en su producción. Para hacerlo más concreto, sería el equivalente al valor de las mercancías que son necesarias para la subsistencia de esa trabajadora: los alimentos, la vestimenta, la ropa, otros productos de consumo o lo invertido en su educación y salud. Este trabajo socialmente necesario se establece históricamente y depende, entre otros elementos, de la lucha de clases, por medio de la cual la clase obrera impone límites a la explotación del capital y establece un nivel de consumo mínimo aceptable para las familias trabajadoras.

Partiendo de estas definiciones, Vogel afirma que ese trabajo necesario tiene dos componentes. El primero, es el trabajo que produce los bienes de consumo necesarios para la subsistencia de la trabajadora o trabajador (alimentos, ropa o un teléfono). A este lo denomina el *componente social*. El otro es el trabajo no retribuido que se hace en los hogares –preparando la cena, lavando la ropa o ayudando a los niños con las tareas escolares–. A este lo llama el *componente doméstico* o trabajo doméstico. Para Vogel, el trabajo doméstico sólo produce valores de uso, y, por lo tanto, no es ni productivo ni improductivo, si se toman en cuenta los criterios con los que Marx utilizaba aquellos términos. Por último, es importante señalar que hay múltiples trabajos que también son indispensables para la reproducción de la fuerza laboral y que se encuentran en el circuito de valorización del capital –en lo que algunas autoras llaman la esfera de la reproducción social–. Por ejemplo, el trabajo invertido en las mercancías y productos que el trabajador consume para alimentarse, el trabajo en restaurantes, lavanderías privadas, en los sistemas de educación y sanidad, etc., que han pasado a ser parte de ramas enteras de la economía capitalista, ya sea bajo la órbita estatal o privada.

En los últimos años, el trabajo de Vogel se ha retomado para desarrollar con diferentes matices o puntos de vista lo que Tithi Bhattacharya y otras autoras denominan una teoría de la reproducción social[19]. Al mismo tiempo, importantes sectores del feminismo sitúan el trabajo reproductivo como un eje central de las reivindicaciones. Por lo tanto, la cuestión de teorizar sobre el trabajo doméstico y su rol en la reproducción social sigue siendo una cuestión clave para abordar la opresión de las mujeres en la sociedad actual. Percibir que no se trata de esferas autónomas ni por completo separadas, comprender la relación que existe entre reproducción y producción –y señalar la subordinación de la primera a la segunda bajo el capitalismo– es fundamental para poder articular una estrategia de lucha.

---

[19] T. Bhattacharya, *Teoria de la reproducció social. Ressituant la classe. Recentrant l'opressió*, Barcelona, Tigre de Paper, 2019.

VI

SUS VIOLENCIAS, NUESTRA LUCHA

Laura Luelmo era profesora en un pequeño pueblo andaluz. Una tarde salió a correr y no regresó. Su cuerpo fue encontrado en diciembre de 2018, confirmando la peor sospecha, había sido golpeada y asesinada. El dolor estalló en las redes y el grito de #NosQueremosVivas y #NiUnaMenos volvió a recorrer el mundo. En pocas horas el *hashtag* #TodasSomosLaura sumó a miles de personas mostrando la tristeza, la rabia y la indignación ante un nuevo femicidio. El grito por Laura Luelmo era también un grito de dolor por Jenifer, por Celia, por María Adela, Paz, Dolores, Patricia, Silvia, María José, Doris y muchas otras.

El 12 de junio de 2019 se conocía una trágica cifra: 1.000 mujeres habían sido asesinadas por violencia de género en el Estado español desde que en el año 2003 comenzó el registro oficial. El impacto sería mucho mayor si se tuvieran en cuenta todos los casos que no entran en la tipología de violencia de género según la legislación actual, ya que esta sólo contempla los casos de asesinato de una mujer por su pareja o expareja. 98 mujeres fueron asesinadas por violencia de género en este país tan sólo en el año 2018[1]. Pero, si miramos más allá de las fronteras, lo que resulta inaudito se vuelve indecible. En el mundo, cada día, 137 mujeres mueren asesinadas por su pareja o por un miembro de su familia. En América Latina se encuentran 14 de los 25 países con más cantidad de femicidios, siendo El Salvador y Honduras los que poseen los más altos índices.

---

[1] Feminicidio.net. Datos a 17 de junio de 2019 [https://feminicidio.net/articulo/listado-feminicidios-y-otros-asesinatos-mujeres-cometidos-hombres-espa por 100C3 por 100B1a-2019], consultado el 17 de junio de 2019.

Los asesinatos por violencia de género son el último eslabón en una larga cadena de violencias contra las mujeres, la punta de un iceberg o la expresión más visible de una espiral de violencias. Según Naciones Unidas, en el mundo, una de cada tres mujeres ha padecido algún tipo de violencia de género en su vida (violación, abuso, acoso)[2]. Las agresiones, las violaciones, el acoso sexual en el lugar de trabajo o estudio, la precariedad, la pobreza, el desempleo, la violencia policial, la violencia racista, la violencia psicológica, las muertes por abortos clandestinos, las asesinadas y torturadas en guerras, son otras múltiples manifestaciones de la violencia que se cierne sobre las mujeres, generadas por un sistema con niveles de opresión y explotación sin parangón en la historia.

¿Qué hacemos con esta calamidad? ¿Cómo transformamos la rabia, las movilizaciones espontáneas de indignación y las redes de solidaridad en una lucha radical contra este sistema capitalista patriarcal? Desde que el movimiento de mujeres en Argentina irrumpió en 2015 con el grito de «Ni una menos», la nueva ola del movimiento feminista ha situado la lucha contra la violencia de género como uno de sus centros de gravedad. El mismo grito colectivo se ha escuchado en Italia (*«Non una di meno!»*), en Estados Unidos (*«Me too!»*) o en el Estado español («¡Basta ya de justicia patriarcal!»). Las preguntas vuelven una y otra vez: ¿Por qué las mujeres somos asesinadas o agredidas? ¿Y cómo detener la violencia hacia las mujeres?

En las manifestaciones, se escucha: «No es un caso aislado, se llama patriarcado». El movimiento de mujeres expresa la idea de que no se trata de «excesos individuales» ni de problemas privados, sino de un flagelo estructural que se reproduce en la sociedad patriarcal. La socióloga Raquel Osborne define la violencia de género como «un fenómeno estructural para el mantenimiento de la desigualdad entre los sexos, una forma de ejercicio del poder para perpetuar la dominación sexista»[3]. La violencia de género puede afectar a mujeres de todos los estratos y clases

---

[2] R. Osborne, *Apuntes sobre violencia de género*, Barcelona, Bellaterra, 2009.
[3] *Ibid*.

sociales, por eso sería equivocado cualquier reduccionismo de clase en este tema. Sin embargo, no se puede negar que algunas mujeres, condicionadas por situaciones materiales desfavorables (desempleo, precariedad o por el hecho de ser migrantes), son mucho más vulnerables que otras para prevenir y enfrentarse a estas situaciones.

El caso de La Manada en el Estado español, la violación grupal de una chica de dieciocho años por una banda de cinco hombres entre los que había un militar y un guardia civil, desató la indignación contra la justicia patriarcal, develando otra cuestión fundamental: las instituciones del Estado capitalista reproducen, justifican y legitiman los prejuicios patriarcales, culpabilizando o revictimizando a las mujeres. Durante el juicio, la defensa de los agresores promovió una campaña misógina, con la complicidad de medios de comunicación conservadores, para culpabilizar a la víctima. Pero lo peor llegó de la mano de los jueces del Tribunal de Primera Instancia, quienes dictaron una sentencia escandalosa. En el Tribunal de Navarra, si bien daban por probados los hechos denunciados por la joven, calificaban estos con el tipo penal de «abuso» y no de «agresión», porque entendían que no había elementos de «intimidación» o «violencia». Para estos jueces, si una mujer no lucha físicamente contra sus violadores no es creíble su denuncia. Sólo después de varios meses y una fuerte movilización del movimiento de mujeres, la sentencia dictada por el Tribunal Supremo terminó reconociendo que se trató de una «agresión».

En el mismo sentido, el arzobispo de Burgos, Fidel Herráez Vegas, ha llamado a las mujeres a «defenderse hasta la muerte» si es necesario, para preservar su castidad en caso de ser agredidas sexualmente. Hace unos años, un polémico «manual» del Ministerio del Interior español recomendaba a las mujeres un protocolo para evitar violaciones: cerrar las cortinas en casa, llevar un silbato y evitar calles solitarias. Otra vez, la responsabilidad recae en las mujeres, que, si son violadas, será por no haber tomado suficientes precauciones.

Escribimos este libro después de haber participado junto a miles de mujeres en las manifestaciones para repudiar la sentencia de la justicia patriarcal en el caso de La Manada, y ante cada feminicidio seguimos diciendo que no estamos todas, que faltan las asesinadas. Pero al reflexionar sobre la cuestión de la violencia hacia las mujeres, no podemos dejar de plantearnos algunas preguntas incómodas. ¿Cómo reclamar justicia, pero al mismo tiempo rechazar un punitivismo que fortalece al Estado capitalista patriarcal? Y si pensamos de nuevo en el caso de las temporeras de la fresa... ¿Por qué hay sectores del movimiento feminista que se movilizan tanto contra algunas violencias y tan poco contra otras? Por último: ¿Cómo evitar las tendencias separatistas del movimiento de mujeres que lo aíslan en la impotencia? ¿Cómo luchar para terminar con esta sociedad patriarcal?

Violencia, Estado y punitivismo

En el siglo XIX, el Código Civil y el Penal establecían que la autoridad del marido debía obedecerse automáticamente por parte de la mujer, recibiendo castigos penales si no lo hiciese. El adulterio de las mujeres podía implicar de dos a seis años de prisión, pero en el caso de los hombres no se lo consideraba como delito, a no ser que tuviera otra concubina en el hogar conyugal. En Europa, este tipo de derecho matrimonial persistió hasta la segunda mitad del siglo XX y fue eliminado en Alemania Occidental recién en 1976, en España en 1980 y en Suiza en 1988. Las agresiones sexuales aún se consideraban como «delitos contra la honestidad» en el Código Penal español hasta 1989 y en Gran Bretaña no se declaró ilegal la violación marital hasta 1991.

La Segunda Ola Feminista en los años setenta logró desprivatizar lo que hasta entonces se consideraban cuestiones exclusivas del ámbito íntimo: «Lo personal es político». La lucha del movimiento de mujeres develó las estructuras de dominación que coaccionan la socialización de los géneros y la sexualidad. La violencia de género, las violaciones y el acoso sexual adquirieron nombre propio en numerosos estudios, en la opinión pública y en la legislación. A partir de entonces se insistió en la idea de que se trataba de una violencia estructural, como parte de relaciones patriarcales. Si sucesivas generaciones de mujeres –nuestras madres, nuestras abuelas– habían tenido que aceptar y naturalizar las agresiones, en especial aquellas que se producían en el ámbito familiar o de la pareja, la lucha del movimiento de mujeres abrió el camino para que se pudiera hablar en voz alta y articular respuestas colectivas. En pocos años, la violencia hacia las mujeres se tipificó en códigos penales y se aprobaron nuevas leyes específicas en distintos países.

Con el avance del neoliberalismo, sin embargo, el tratamiento de esta cuestión por parte de organizaciones feministas institucionalizadas, el Estado y las ONG tendió a separar la llamada violencia doméstica de otras violencias del sistema. La violencia de género se incorporó en los temarios de los organismos internacionales y aparecieron importantes fundaciones privadas dispuestas a financiar grandes proyectos. La Fundación Ford fue una de las pioneras en invertir sumas millonarias en proyectos sobre violencia de género, imponiendo una marcada moderación ideológica en las investigaciones que promovía[4]. Desde el Banco Mundial se promovieron estudios para advertir que la violencia de género incentivaba el ausentismo laboral y reducía la productividad y ganancias de las empresas. Se podía hablar de la violencia hacia las mujeres, siempre y cuando no se hablara del capitalismo y sus violencias. De este modo, el movimiento de mujeres abandonaba las calles para recluirse en la gestión de programas de prevención y en las ONG especializadas. Al mismo tiempo, se producía una excesiva judicialización del tema, buscando resolver con respuestas penales individuales lo que era el fruto de un profundo fenómeno social.

El tratamiento mediático del asesinato de las jóvenes de Alcàsser, en 1992, marcó lo que sería desde entonces una modalidad de espectacularización y revictimización de las mujeres. En muchas ocasiones, cuando se conoce un nuevo feminicidio, se pone en marcha una maquinaria perversa que carga las culpas

---

[4] S. Watkins, «Qué feminismo», *New Left Review* 109 (segunda época) (marzo-abril de 2018).

sobre la víctima, mientras instrumentaliza el dolor de sus familiares y amigos para pedir condenas más duras. Los sectores más conservadores intentan utilizar la conmoción por cada nuevo asesinato para fortalecer los instrumentos represivos del Estado. A este mecanismo se lo ha definido como punitivismo. El dolor de familiares y amigos de las víctimas es comprensible, tanto como su deseo de justicia, pero si la fuerza del movimiento de mujeres en las calles se canaliza hacia una estrategia que pone el eje en exigirle al Estado capitalista penas más duras para los agresores –el mismo Estado que garantiza la reproducción del patriarcado, que expulsa a los inmigrantes y reprime a los activistas–, se termina legitimando ese aparato de dominación y se crea la ilusión de que con castigos individuales se puede terminar con la opresión hacia las mujeres[5].

La antropóloga Rita Segato estudia la cuestión de la violencia hacia las mujeres desde una postura antipunitivista[6] y asegura que no se puede poner fin a estos flagelos ni con la ley ni con la cárcel, lo que hay que cambiar es la sociedad: «Querer detener este tipo de crímenes con cárcel es como querer eliminar el síntoma sin eliminar la enfermedad». Después de haber trabajado durante años investigando el sistema carcelario, Segato afirma que la cárcel es «una verdadera escuela de violadores» y señala que, en países con una legislación más dura, los crímenes no han descendido. La antropóloga también ha advertido de los peligros del «linchamiento» en redes sociales entre pares. Si bien la denuncia anónima surge muchas veces motivada por la impunidad de la que se aprovechan los agresores en una sociedad patriarcal, la tendencia a denunciar públicamente por redes, sin otorgar el mínimo derecho a la defensa, sin contemplar la diferente gradación de los hechos ni las diferencias entre relaciones jerárquicas o relaciones entre pares, puede ser contraproducente.

---

[5] A. D'Atri, «Patriarcado, crimen y castigo», *Ideas de Izquierda*, 25 de julio de 2016 [http://www.laizquierdadiario.com/ideasdeizquierda/patriarcado-crimen-y-castigo/].

[6] R. Segato, *La guerra contra las mujeres*, Buenos Aires, Prometeo Libros, 2018.

Actualmente, la estrategia de los partidos conservadores y de extrema derecha es volver a nominar la violencia de género como «violencia intrafamiliar», para intentar así revertir la rueda de la historia. Como parte de su guerra contra la «ideología de género», la ultraderecha española exige la derogación de la Ley de Violencia de Género y propone, en su lugar, una «ley de violencia intrafamiliar que proteja por igual a ancianos, hombres, mujeres y niños». La Administración de Donald Trump también intentó eliminar la frase «violencia de género» de un documento de Naciones Unidas[7].

Oponernos a las derivas reaccionarias de Vox, Salvini o Trump, sin embargo, no significa embellecer las políticas institucionales actuales respecto a este tema. El Gobierno del PSOE con Zapatero aprobó en 2004 la Ley Orgánica de Medidas de Protección Integral contra la Violencia de Género, presentada como un ejemplo a nivel internacional. Sin embargo, numerosas organizaciones feministas han señalado que sólo considera como violencia de género las agresiones cometidas por una pareja o expareja de la mujer, dejando de lado numerosas situaciones. Además, implica una excesiva judicialización, ya que impone la obligación de que las mujeres denuncien penalmente para comenzar el proceso de solicitud de ayudas. Y mientras que el Estado siga recortando los pocos recursos destinados a la prevención en el ámbito sanitario y educativo, la vía penal se ofrecerá casi como única salida. En muchos casos, las mujeres no quieren denunciar, porque no quieren que sus parejas vayan a la cárcel, para evitar un engorroso procedimiento de interrogatorios policiales y judiciales, o porque no tienen papeles y se exponen a ser criminalizadas.

Por nuestra parte, apostamos por un feminismo antipunitivista y que no aísle artificialmente la violencia de género del resto de las violencias que genera el sistema capitalista. Toda interpretación de la violencia hacia las mujeres separada del

---

[7] Redacción SEMlac, «EEUU: Trump propone eliminar el "género" en documentos de derechos humanos de la ONU», 30 de octubre de 2018 [http://www.amecopress.net/spip.php?article18320], consultado el 30 de mayo de 2019.

resto de entramados de dominación (explotación, racismo, etc.) pierde poder explicativo, no permite comprender el conjunto y no favorece el diseño de una estrategia acorde para enfrentarla.

«Esto es una guerra»: ¿de quién contra quién?

Esta frase se ha escuchado bastante en redes sociales. Pero mientras muchas feministas aseguran que es una guerra contra el patriarcado, algunas activistas sostienen que todos los hombres son enemigos, como si hubiera algo innato que los predispusiera a ser agresores sexuales. Con argumentos de este tipo se intenta justificar una estrategia separatista, un debate que no es nuevo dentro del feminismo. Desde la tradición del feminismo anticapitalista sostenemos que las estrategias separatistas debilitan la lucha contra el patriarcado y el capitalismo, ya que dividen a los oprimidos entre sí y terminan imponiendo una lógica de permanente resistencia. En los años setenta, la lógica separatista del feminismo blanco de clase media también fue cuestionada por los feminismos de clase, el feminismo negro y los feminismos anticoloniales.

Against Our Will (Contra nuestra voluntad), de Susan Brownmiller, es un libro clásico del feminismo radical sobre la cuestión de la violencia de género y las violaciones. Publicado en 1975, el libro se convirtió en un *bestseller* y logró hacer visible el hecho de que las violaciones eran parte de un fenómeno social presente en gran parte de la historia. Brownmiller se basa en múltiples fuentes históricas, mostrando cómo en el Código de Hammurabi de la Mesopotamia antigua (1750 a.C.) o en pasajes de la Biblia se legitima la violación de mujeres. Cuando empieza a tipificarse como crimen en el derecho romano, la violación se considera una ofensa para el *pater familiae* al que se «roba» o «daña» su propiedad, la mujer. Las violaciones han sido también un arma de guerra que los conquistadores utilizan para terminar de quebrar la voluntad del enemigo, para infligir una humillación adicional a los combatientes derrotados. Brownmiller hace un relato escalofriante que documenta las violaciones masivas en la Primera y Segunda Guerra Mundial, ya fuera en los territorios ocupados por los nazis o en las zonas liberadas por los ejércitos aliados. En Vietnam, los norteamericanos llevaron adelante violaciones masivas, dejando después de la retirada a miles de mujeres atrapadas en redes de trata y prostitución. Brownmiller analiza las violaciones como parte de un sistema de dominación patriarcal. Pero su definición es problemática. En primer lugar, porque sostiene que las violaciones son «un proceso consciente de intimidación por el cual todos los hombres mantienen a todas las mujeres en un estado de miedo». Es decir, que atribuye a *todos* los hombres individuales una complicidad con las violaciones, como si se tratara de un pacto o un proceso *consciente*. Es decir, niega de hecho la posibilidad de que muchos hombres puedan cuestionar el modelo de masculinidad agresiva y que se enfrenten a la violencia machista junto con las mujeres. Por último, al tratar de explicar las causas más profundas de las violaciones, cae en una posición esencialista sobre la masculinidad, a la que define como depredadora «por naturaleza». Lo dice bien claro: «Por orden anatómica –la ineludible construcción de sus órganos genitales–, el macho humano era un depredador y la hembra humana era su presa natural».

Las elaboraciones de Brownmiller forman parte de lo que se ha llamado el «feminismo cultural» en Estados Unidos, una de las vertientes del «feminismo de la diferencia» que cobra peso desde fines de los años setenta[8]. Mientras que las primeras feministas radicales habían sostenido la idea de que la masculinidad y la feminidad eran construidas socialmente y planteaban una lucha para superar la dicotomía de género, sus sucesoras se desplazan hacia posiciones donde el género emana de forma directa de las características biológicas. La sexualidad masculina es

---

[8] A. de Miguel, «Feminismo de la diferencia y últimas tendencias», *Los feminismos a través de la historia,* Capítulo IV, Mujeres en Red [https://www.nodo50.org/mujeresred/historia-feminismo4.html].

considerada inherentemente agresiva, violenta e impulsiva debido a su genitalidad fálica, mientras que la sexualidad femenina sería difusa, pasiva y ligada a lo emocional. Se reafirman así los mismos estereotipos sobre ambas sexualidades del sistema patriarcal, pero se les atribuyen ahora valoraciones inversas. Todo lo malo que hay en el mundo –las guerras, las violaciones o las crisis medioambientales– sería producto del principio masculino, en cambio, la sexualidad femenina se presenta como fuente creadora, ligada a la naturaleza y a valores positivos de cuidados y amor[9].

Esta polaridad estereotipada está presente también en los análisis de Andrea Dworkin, una feminista radical norteamericana impulsora de la campaña para la prohibición de la pornografía en los años ochenta. Para ella, la sexualidad masculina representaba «la sustancia del asesinato, no del amor». Y sostenía que «la violación es el modelo primario para las relaciones sexuales heterosexuales»[10], igualando coito con violación. Dworkin consideraba que los hombres constituían una «clase sexual», estableciendo pactos para mantener sus privilegios y reafirmar su «derecho a violar» a todas las mujeres, por encima de cualquier otra consideración, como las diferencias raciales o de clase. Para Dworkin, los hombres que consumen pornografía o que cuentan un chiste machista, los que se refieren a las mujeres de forma cosificadora, o aquellos que avalan esos comportamientos, son todos «enemigos de las mujeres y están implicados en el crimen de la violación». Finalmente, ponía el eje en conseguir medidas legislativas y jurídicas para castigar con penas más duras a los agresores. Junto con Dworkin, quien más abogó por esta estrategia de combatir la violencia machista desde los códigos penales fue la abogada norteamericana Catharine MacKinnon. Su estrategia se encuadra en una

---

[9] R. Osborne, «Debates en torno al feminismo cultural», en C. Amorós y A. de Miguel, *Teoría feminista. Del feminismo liberal a la posmodernidad,* Madrid, Biblioteca Nueva, 2018.

[10] A. Dworkin, «La atrocidad de la violación y el chico de al lado» [https://malditaradfem.wordpress.com/2017/06/02/la-atrocidad-de-la-violacion-y-el-chico-de-al-lado/].

orientación punitivista, donde el Estado será el encargado de controlar y castigar las agresiones de la violenta –«por naturaleza»– sexualidad masculina[11].

Retomando ahora la pregunta con que abríamos este apartado: si esto es una guerra, ¿qué tipo de «guerra»? Sectores del feminismo radical más esencialista respondieron a esa pregunta afirmando que se trataba de una guerra contra todos los hombres, los cuales serían violentos por «naturaleza». Hoy parece que algunas feministas también se adhieren a esas tesis. En su conjunto, estas posiciones implican una estrategia separatista de «guerra de sexos». Este feminismo radical-cultural considera a los hombres como el enemigo por el solo hecho de ser hombres, en vez de apuntar contra el sistema capitalista y patriarcal[12]. Desde su punto de vista, aquellas mujeres que compartimos con los hombres organizaciones o movimientos de lucha, como las activistas sindicales, militantes de partidos de izquierda o en movimientos antirracistas, estaríamos siendo sumisas o cómplices del patriarcado.

Contra estas estrategias separatistas polemiza María Jesús Izquierdo:

> Si se concibe a la mujer y al hombre como efectos del sexismo, el antagonismo mujer/hombre no se resuelve luchando contra el hombre, sino luchando contra el sexismo, siendo intransigentes con el sexismo que se agazapa en el interior de la propia persona y del otro[13].

Lo contrario de las concepciones esencialistas es comprender que los géneros se construyen socialmente y que el sistema

---

[11] A. D'Atri y M. Maiello, «De concepciones teóricas y estrategias para luchar por una sociedad no patriarcal», *Ideas de Izquierda,* enero de 2019 [https://www.laizquierdadiario.com/De-concepciones-teoricas-y-estrategias-para-luchar-por-una-sociedad-no-patriarcal].
[12] A. Echols, «The New Feminism of Yin and Yang», en A. Snitow, C. Stansell y S. Thompson (eds.), *Powers of Desire: The Politics of Sexuality,* Nueva York, Monthly Review Press, 1983.
[13] Citado por Osborne, «Debates en torno al feminismo cultural», cit.

patriarcal capitalista reproduce una socialización diferencial, a través de la familia, la educación, los medios de comunicación y otras instituciones, que establece pautas de feminidad y masculinidad, «el rosa y el azul» que marcan las subjetividades desde la infancia. En las sociedades occidentales modernas, la sexualidad masculina fue asociada con elementos de agresividad, el menosprecio de lo femenino y la valoración de la conquista sexual. La feminidad, en cambio, se ha ligado tradicionalmente con el objetivo de la reproducción, la primacía de las emociones y los cuidados por encima del disfrute de la sexualidad y con fuertes rasgos de pasividad. Pero estas pautas son construcciones sociales, no naturales. Los hombres y las mujeres somos «educados» por determinadas circunstancias sociales independientes de nuestra voluntad, pero los seres humanos tenemos la capacidad de cambiar esas mismas condiciones. En diferentes situaciones, sobre todo en periodos de ascenso de la lucha de clases, mujeres y hombres han rechazado colectivamente los roles de género asignados y han buscado transformarlos.

El Me Too de las trabajadoras

En octubre de 2017, después de conocerse las denuncias de varias actrices contra el productor Harvey Weinstein por acoso sexual, la actriz Alyssa Milano puso un tuit que decía: «Si has sido acosada sexualmente o agredida, escribe Me Too como respuesta». En pocas horas, el *hashtag* #MeToo explotó en las redes. En diciembre, la revista *Time* fotografió a varias de las protagonistas del movimiento, a quienes eligió como «personaje del año». El movimiento Me Too tuvo un enorme impacto, se contagió de Hollywood a la industria del cine en la India, y permitió poner al descubierto el acoso y las agresiones sexuales que cometieron algunos hombres poderosos, grandes productores, empresarios y políticos. El expresidente de Costa Rica, Óscar Arias Sánchez, fue denunciado por varias mujeres por abusos sexuales reiterados, al igual que varios congresistas y jueces norteamericanos.

En la gala de los Premios Globo de Oro, las actrices más cotizadas de Hollywood vistieron de negro para visibilizar la discriminación sexista en la Academia del Cine. Las palabras más aplaudidas fueron las de la presentadora de televisión Oprah Winfrey, quien apuntó contra el racismo y la misoginia que tuvieron que afrontar millones de mujeres en Estados Unidos, incluida su propia madre. Pero que una de las mujeres más ricas del mundo hablara «para dar voz» a millones de trabajadoras domésticas y mujeres que trabajan en fábricas y restaurantes –a las que se refirió en su discurso– tenía una gran cuota de cinismo, si alguien se paraba a pensarlo dos veces. Y decía mucho de las limitaciones de un movimiento que, si bien tenía un elemento progresivo al denunciar las relaciones de poder en Hollywood, lo hacía desde una espectacularización glamorosa, focalizándose en la denuncia individual de personalidades famosas y muy lejos de la realidad de la mayoría de las mujeres trabajadoras e inmigrantes. En 2007, la activista negra Tarana Burke había creado una organización para brindar apoyo a jóvenes que habían padecido agresiones sexuales en los barrios pobres. La llamó Me Too, pero no logró la repercusión que las actrices de Hollywood obtuvieron una década después.

«Si las mujeres poderosas, que cobran miles de dólares por aparecer en una película o en televisión, son humilladas y acosadas, ¿qué les pasa a los millones de mujeres que todos los días trabajan en empleos mal pagos, que son la mayoría de los pobres y la mayoría de las personas que sufren la violencia sexista, pero también la xenofobia y el racismo?»[14]. De eso se hablaba mucho menos en los medios. El Me Too de las trabajadoras no nació bajo los focos de los estudios cinematográficos, sino en los zócalos que barren las limpiadoras, en las habitaciones que arreglan las trabajadoras domésticas, en los hospitales donde las enfermeras trabajan jornadas agotadoras, en las mesas que atienden las camareras y en las fábricas textiles de trabajo esclavo.

---

[14] C. Murillo, «Las denuncias contra el acoso sexual, personaje del año», *La Izquierda Diario,* 10 de diciembre de 2017 [https://www.laizquierdadiario.com/Las-denuncias-contra-el-acoso-sexual-personaje-del-ano].

Una encuesta realizada un año después del estallido del Me Too se propuso medir qué cambios reales se habían producido en los lugares de trabajo en Estados Unidos. Mientras la mayoría de los jefes sostenían que la situación en las empresas había mejorado mucho, el 57 por 100 de las trabajadoras opinaba que las cosas se habían mantenido prácticamente igual[15]. Y consultadas sobre si el Me Too había tenido un impacto en su propio lugar de trabajo, el 70 por 100 respondió que no. El 39 por 100 aseguró haber sufrido algún tipo de acoso sexual en el ámbito laboral y el 60 por 100 opinaba que las empresas no habían cambiado nada su política para prevenir acosos. La encuesta también mostraba que el 63 por 100 de las mujeres no se animaron a denunciar el acoso sexual, algo que se explica por el temor a perder el empleo.

En septiembre de 2018, trabajadoras y trabajadores de McDonald's salieron a la huelga en 10 ciudades de Estados Unidos para protestar contra el acoso sexual[16]. Las organizaciones sindicales que impulsaron esta acción aseguraban que era la primera huelga simultánea en varios Estados para denunciar el acoso sexual en los lugares de trabajo. La medida fue aprobada por los comités de empresa de decenas de locales, según informó la agencia Associated Press (AP). Las organizaciones sindicales se inspiraron en el #MeToo y exigieron la implementación de protocolos para denuncias de acoso sexual. También en Brasil, la misma cadena de comida rápida recibió denuncias por reiteradas situaciones de acoso sexual y racismo por parte de supervisores y jefes.

El mismo mes, las conserjes y limpiadoras de California marcharon hasta Sacramento iniciando un movimiento contra los abusos sexuales en el trabajo. «Cuando miras al movimiento #MeToo [...] no están asumiendo la pobreza y no están asumien-

---

[15] Fairy God Boss, «Sexual Harassment in the Workplace» [https://fairygodboss.com/research/sexual-harassment#].

[16] A. Quart, «#MeToo's hidden activists? Working-class women», *The Guardian*, 25 de septiembre de 2018 [https://www.theguardian.com/global/2018/sep/25/metoo-activism-working-class-women-sexual-harassment], consultado el 5 de junio de 2019.

do la inmigración. Y esos son los dos problemas principales a los que estas mujeres se enfrentan todos los días», decía en una entrevista Lilia García-Brower, líder de una organización que aborda la explotación laboral de las mujeres migrantes en el sur de Estados Unidos[17]. Las trabajadoras que hacen el turno nocturno como limpiadoras o conserjes se han organizado con el lema «Ya basta» e incluso han comenzado a tomar clases de autodefensa. La mayoría de las mujeres son inmigrantes sin papeles, y eso es tomado por muchos jefes como una invitación al abuso sexual[18].

Cuando termina el día y la mayoría de los habitantes de la ciudad se van a sus casas, arranca el turno nocturno, una fuerza invisible de trabajo que limpia las oficinas, los bancos y los grandes almacenes. Muchas son mujeres que pasan horas en edificios vacíos, lo que las pone en situaciones peligrosas. María Bojórquez, una trabajadora latina, ofreció su testimonio en el documental titulado *Violaciones en el turno noche*[19]. La limpiadora denunció la agresión por parte de un supervisor en un piso de oficinas en San Francisco. El acoso se había iniciado mucho antes: «A veces yo le decía que me iba a quejar, y él me decía: "No te van a creer"».

De acuerdo con el Departamento de Justicia de Estados Unidos, se denuncian más de 17.000 casos de abusos sexuales en el trabajo cada año. En el caso de las bedeles, los abusos se producen tanto en empresas grandes como pequeñas. María Magaña trabajó durante muchos años para ABM, una de las empresas de servicios de limpieza más grandes de Estados Unidos. Se encontraba limpiando las oficinas de un banco por la noche cuando el supervisor José Vásquez la violó. «No quería decirle a nadie por

---
[17] B. Mejia, «Female janitors working the night shift take safety into their own hands», *Los Angeles Times*, 4 de septiembre de 2018 [https://www.latimes.com/local/california/la-me-ln-janitor-self-defense-20180904-story.html].
[18] J. L. Martínez, «El #MeToo de las precarias: huelgas contra el acoso sexual en el trabajo», *Revista Contexto*, 28 de agosto de 2019 [https://ctxt.es/es/20190828/Politica/27920/Josefina-L-Martinez-huelgas-me-too-mujeres-migrantes-precariedad-acoso-sexual.htm].
[19] D. Altan, A. Cediel y L. Bergman (productores), *Rape on the Night Shift*, PBS [https://www.pbs.org/wgbh/frontline/film/rape-on-the-night-shift/].

la vergüenza que había sentido. Él se reía y decía que al cabo nadie me iba a hacer caso.» Unos meses después la empresa recibió cartas anónimas denunciando al supervisor por el maltrato y abusos hacia las mujeres, pero la compañía no hizo nada al respecto y Vásquez siguió supervisando el trabajo de cientos de mujeres. Una situación similar vivió Leticia Zuniga, inmigrante sin papeles que trabajaba, para la empresa SMS, limpiando un centro comercial en Minneapolis. El supervisor tenía mucho poder sobre ella, controlaba sus horarios y podía decidir cada día si conservaba el trabajo o era despedida. Una noche la agredió y amenazó con denunciarla ante las autoridades por inmigrante ilegal si decía una palabra. «Me vi encerrada en un mundo en el que no podía hablar», explicó la trabajadora.

El acoso sexual en el trabajo es una de las formas de agresión sexual más frecuentes pero menos denunciadas en el mundo. Las mujeres migrantes se enfrentan a este tipo de situaciones en trabajos de limpiadoras, cuidadoras, trabajos agrícolas u hostelería. La incertidumbre por estar en una situación ilegal, el temor a ser deportadas, a perder el trabajo, la precariedad general, las vuelven más vulnerables. En los meses siguientes a que Donald Trump llegara a la Casa Blanca, las denuncias de acoso sexual por parte de mujeres latinas disminuyeron un 25 por 100 (no porque hubiera descendido el número de casos, sino por el miedo a la policía).

Las mujeres en el sector hostelero están en el *top* de las que más padecen acoso sexual, a tal punto que se lo considera parte de la «cultura laboral» de este, pero lo mismo ocurre en otros. En una encuesta a trabajadoras agrícolas, el 80 por 100 aseguró haber vivido situaciones de acoso sexual[20]. En la cosecha de las frutas y verduras en los campos de California son muy frecuentes las violaciones a las mujeres inmigrantes indocumentadas, al igual que sucede con las recolectoras de la fresa en el campo andaluz o en la recogida del tomate en Marruecos y en Italia, donde también la mayoría de trabajadoras son migrantes. Rosaria Capozzi, directora de una de las ONG que

---

[20] C. Fredrickson, *Under the bus*, Nueva York, The New Press, 2015.

apoya a las mujeres contra la violencia, afirma que los patrones abusan sexualmente de las trabajadoras como si fuera un derecho de *primae noctis*. En Marruecos, la ONG Shaml registró 855 casos de agresiones sexuales, desde acoso hasta violaciones durante el año 2014 en regiones rurales, donde multinacionales francesas, españolas y holandesas controlan la producción y exportan a sus países.

Según el informe *Acoso sexual y mujeres migradas*[21] hay más casos de acoso sexual entre aquellas trabajadoras que dependen exclusivamente de su salario para subsistir (principal sostén del hogar) y entre las que tienen un contrato temporal de trabajo. La precariedad laboral es un elemento que favorece una mayor incidencia del acoso. Estos factores se multiplican en el caso de las trabajadoras migrantes, donde una situación legal irregular –garantizada por las leyes de extranjería– agrega vulnerabilidad.

Las cuidadoras y trabajadoras del hogar son un sector altamente feminizado y racializado en los países occidentales. Según el mismo informe[22], un 24 por 100 de trabajadoras del hogar entrevistadas declaraba que, al momento de solicitar un trabajo, quienes respondieron les dijeron que este incluía la realización de algún tipo de trabajo sexual para con los hombres que tenía que cuidar. Entre las mujeres que reconocían haber sufrido acoso sexual, el 65 por 100 eran internas. «El señor que me contrató para limpiar la casa ofreció pagarme más si me quedaba con él», «el abuelo al que cuidaba hablaba de mi cuerpo con cierto morbo», «el hijo de donde trabajaba llegó a entrar a mi habitación», «eran insinuaciones a todas horas», son algunos de los testimonios de las empleadas del hogar. Las voces de las trabajadoras de este sector ultraprecario y racializado se están empezando a escuchar cada vez con más fuerza, y están avanzando en su organización a través de plataformas y asociaciones autoorganizadas que agrupan a las mujeres en varios países. Muchas de estas plataformas vienen siendo parte de la nueva ola

---

[21] Mujeres con voz, *Acoso sexual y mujeres migradas,* junio de 2014 [http://www.feministas.org/IMG/pdf/informe-acoso-sexual-y-mujeres-migradas.pdf].
[22] Mujeres con voz, *Acoso sexual y mujeres migradas,* cit.

del movimiento feminista, aunque sus denuncias no brillen bajo las luces de Hollywood. En octubre de 2008 los *hashtags* #MeTooNurse y #MeTooFisio expusieron en el Estado español situaciones de acoso vividas por miles de enfermeras y fisioterapeutas, contra la naturalización del acoso sexual por parte de jefes y médicos (que gozan de mayor autoridad) o por parte de los pacientes –como si la tocada de culo viniera incluida en la profesión–.

Raquel Osborne señala que la violencia de género en el ámbito de las familias o la pareja está asociada con el ejercicio del poder y con la idea de la propiedad sobre las mujeres en la familia patriarcal. Pero si esto sucede así en general, esta noción de la propiedad se refuerza cuando media una relación laboral, ya que jefes y supervisores actúan de hecho como dueños de las trabajadoras, de su fuerza de trabajo y de sus cuerpos.

#NoEstásSola

El 12 de abril de 2019, las trabajadoras y trabajadores del turno de tarde de la planta fabril Mondelez/Kraft Foods de Argentina impulsaron un paro de dos horas y una asamblea en solidaridad con una compañera que había sido víctima de violencia de género. Un centenar de trabajadoras pararon la producción y grabaron un video de solidaridad, el cual subieron a las redes sociales con el *hashtag* #NoEstásSola, el mismo lema que pintaron en un enorme cartel. A su compañera le dijeron: «Como verás, estamos todos acá reunidos, todos tus compañeros, tus amigas, toda la gente que te quiere. Esto es solamente para que sepas que no estás sola, que todos te apoyamos». Lorena Gentile, trabajadora de la fábrica, cuenta que el objetivo era que el sindicato se pusiera al frente para dar apoyo a las trabajadoras que sufren violencia de género y que después tienen que ir a trabajar escondiendo los golpes[23]. En esa misma

---

[23] L. Gentile, «#NoEstásSola: las trabajadoras de Mondelez/Kraft respondemos a la violencia machista», *La Izquierda Diario*, 15 de abril de 2019 [https://

fábrica, en el año 2011, hubo una huelga en el turno de noche en repudio a la suspensión de una compañera que había denunciado el acoso por parte de un jefe. Este emotivo ejemplo muestra la fuerza potencial de las mujeres trabajadoras, en compañía de sus compañeros, cuando la lucha contra la violencia de género es tomada como parte de la lucha de clases.

La lucha contra la violencia machista no puede limitarse a un «cambio cultural» mediante campañas de propaganda desde los ayuntamientos. Son necesarias medidas que transformen la situación material de la mayoría de las mujeres, y también de los hombres. La urgencia de viviendas dignas para las mujeres maltratadas, por ejemplo, implica una lucha contra los intereses de la banca y los grandes especuladores inmobiliarios en las ciudades. Invertir para implementar programas de formación sexual en todos los niveles educativos requiere recursos y necesita generar empleo para trabajadoras formadas en ese sentido en todas las escuelas, al igual que hay que recuperar el sistema público de sanidad, que suele ser uno de los primeros lugares donde se puede detectar la violencia hacia las mujeres. Para esto será necesario revertir la tendencia a beneficiar el sistema privado sobre el sistema público, así como generar una gestión democrática junto con usuarias, vecinas y organizaciones de mujeres. Por eso la lucha contra la violencia de género no puede separarse de la lucha contra el capitalismo patriarcal en todos sus aspectos. La autoorganización de las mujeres y la lucha por planes de educación y prevención efectivos son fundamentales, pero siempre teniendo como perspectiva que lo que hay que cambiar es el sistema de conjunto, que recrea múltiples formas de violencia hacia las mujeres y la mayoría de las personas.

Vivimos en una sociedad devoradora de seres humanos, donde cada día las mujeres son asesinadas por ser mujeres y decenas de miles mueren en el Mediterráneo por ser migrantes. Es un sistema depredador, donde millones de personas padecen miseria o hambre, mientras que un puñado acumula riquezas inaudi-

---

www.izquierdadiario.es/NoEstasSola-las-trabajadoras-de-Mondelez-Kraft-respondemos-a-la-violencia-machista].

tas, generando dolores profundos y monstruosas crueldades. Ante el flagelo de la violencia de género no hay solución de fondo desde un feminismo punitivista que fortalezca los mecanismos carcelarios del Estado, ni tampoco desde un feminismo separatista que nos aleje de todos aquellos a los que debemos sumar como compañeros en esta lucha.

VII
EL DEBATE SOBRE LA PROSTITUCIÓN: UNA POSICIÓN ALTERNATIVA A LOS DOS CAMPOS EN DISPUTA

Calle Robadors de Barcelona, último reducto de lo que fue el Barrio Chino donde vivía Jean Genet. Hoy es el barrio de El Raval imbuido en múltiples contrastes cercanos: frente a un hotel de lujo, comedores sociales o pisos precarios habitados por personas migrantes. Mientras turistas de todo el mundo disfrutan del ocio y la cultura, por la calle Robadors esperan mujeres de diferentes continentes para ser consumidas por el turismo sexual, integrando el *pack* de billetes de avión, pisos turísticos, playa y alcohol. Muchas veces la aparente calma del barrio se rompe entre peleas, desahucios, razias de la policía y otros menesteres. Un sábado por la tarde, en mayo de 2019, irrumpe una manifestación encabezada por una pancarta que dice «No a la mercantilización del cuerpo de las mujeres», convocada por la Plataforma Estatal de Organizaciones de Mujeres por la Abolición. Algunas de ellas van vestidas con el traje rojo de la serie *El cuento de la criada,* la adaptación del libro de Margaret Atwood. Repentinamente, son increpadas por otro grupo de feministas y algunas integrantes de la Organización de Trabajadoras Sexuales (OTRAS), que les arrojan polvos de pintura de colores al grito de «¡Abolicionista, tú eres la machista!».

El debate sobre la prostitución está atravesando con fuerza al movimiento feminista, rompiendo los muros de la academia y dirigiéndose a las calles, asambleas, comisiones del 8M, medios y redes. En el trasfondo se devela una contradicción crucial: por un lado, la proliferación de las redes de trata y el crecimiento de la explotación sexual de las mujeres en todo el mundo; por el otro, la fuerte presión internacional para la legalización de la prostitución por parte de quienes la consideran un negocio muy rentable. Entre la gran variedad de posicionamientos, el debate está hegemonizado por dos tendencias enfrentadas: feministas abolicionistas y regulacionistas, entre las que operan también partidos políticos con sus propios intereses. Y si bien en el activismo feminista existen múltiples matices, estas posiciones polarizadas son las que ganan notoriedad y dividen al movimiento en dos campos. Se trata entonces de plantear una posición alternativa, antipunitivista y anticapitalista, para luchar contra la explotación sexual, al mismo tiempo que se defiende el derecho de todas las mujeres en situación de prostitución, incluyendo a las personas transexuales, a autoorganizarse.

Un tormentoso debate histórico: regulacionistas y abolicionistas en el siglo XIX

El debate no es nuevo y en Europa se remonta al siglo XIX, entre quienes abogaban por la reglamentación de la prostitución y aquellas que impulsaban la abolición de la reglamentación estatal, como un importante sector de feministas inglesas. Francia fue pionera en cuanto a la reglamentación de los burdeles a comienzos del siglo XIX, inaugurando en 1802 en París un sistema de regulación policial y estatal. El denominado «sistema francés» había ganado terreno en Europa hacia finales de este siglo, impulsado por médicos, expertos en higiene pública y autoridades militares. En pleno desarrollo industrial, la pobreza de las mujeres que habitaban en las ciudades llevó a un crecimiento exponencial de la prostitución hasta entonces desconocido, abriendo desde 1870 la llamada «época dorada» de esta actividad.

Desde mediados del siglo XIX se venían aplicando controles especiales para las mujeres en prostitución, lo que se traducía en una persecución constante mediante los registros de la policía, que exigía la documentación y los controles sanitarios. El discurso social perpetuaba la separación entre mujeres «inmorales, degeneradas o vagas» y las «decentes y honradas» que no debían mezclarse con las prostitutas consideradas «ninfómanas de origen biológico». Este discurso, atravesado por un doble rasero moral entre hombres y mujeres, también se basaba en la idea de que eran las prostitutas las que propagaban enfermedades y tenía el fin de prevenir del contagio a todas las mujeres, pero sin exigir control sanitario a los hombres. De este modo, ninguna mujer –prostituta o no, amante o esposa– estaba protegida del contagio por un hombre; sin embargo, cualquier mujer que estuviera en la calle estaba expuesta a ser arrestada y obligada a un examen médico. Después de Francia, los controles policiales, administrativos y sanitarios regulares se convirtieron en una práctica común en las grandes ciudades de Europa[1].

Como contraparte, la extensión de la regulación dio origen en Inglaterra a un movimiento de protesta, dirigido por Josephine Butler, quien en 1871 publicó *The Constitution Violated* en contra de la reglamentación de la prostitución y las leyes promulgadas por el Parlamento. Con un manifiesto llamado «Protesta de las Mujeres», publicado en el *Daily News* de Londres en 1870, exigían la eliminación de la regulación de la prostitución, considerando que violaba los derechos civiles de las mujeres. A la vez, cuestionaban la doble moral de un sistema que perpetuaba la explotación sexual de las mujeres sin ofrecerles salida a la situación de pobreza, mientras que a los hombres no se les exigía control de enfermedades sexuales[2]. Esta campaña, denominada por Butler «gran cruzada», tuvo una inmediata repercusión internacional y se formó entre diferentes países la Federación Británica y Continental contra la Regulación Estatal del Vicio, cuyo objetivo era la abolición de la regulación y la «trata de blancas», como se denominaba al tráfico de mujeres. El movimiento fue creciendo a tal nivel que, tras fuertes debates, las leyes de reglamentación fueron anuladas en 1886 y a finales del siglo XX en la mayoría de los países de Europa se dejaron de aplicar controles dirigidos sólo a prostitutas, para regular todas las enfermedades infecciosas.

---

[1] Wikander, *De criada a empleada*, cit., p. 65.
[2] K. Offen, *Feminismos europeos, 1700-1950. Una historia política*, Madrid, Akal, 2015, pp. 196-195.

Durante las siguientes décadas hasta la actualidad, la prostitución se reforzó y transformó bajo nuevos patrones morales y con una mayor aceptación social, aunque manteniéndose la desigualdad sexual que perpetúa la idea y la práctica de que la explotación sexual debe recaer en el sexo femenino. Los debates entre abolicionistas y regulacionistas continuaron con la misma intensidad durante todo el siglo XX y se renovaron a comienzos del siglo XXI, cuando el crecimiento de la explotación sexual y la trata de mujeres se fue extendiendo a nivel mundial.

En cuanto a la reglamentación estatal, durante la década de los setenta del siglo XX, existió un cierto consenso entre los Estados y las leyes internacionales contra la legalización de la prostitución. Esta tendencia ya se venía reforzando desde el Comité de las Naciones Unidas dedicado al tráfico de personas entre las dos guerras mundiales, lo que acabó constituyendo la Convención para la Represión de la Trata de Personas y de la Explotación de la Prostitución Ajena de 1949, que condenó como ilegal regentar prostíbulos. Se consolidó en general una visión negativa sobre el proxenetismo, y se consideraba la obtención de beneficios económicos y la facilitación de la prostitución como ilegales.

Esto cambió durante las décadas de los ochenta y noventa con el neoliberalismo, cuando la prostitución comenzó a ser más aceptada socialmente y el proxenetismo se fue integrando a la clase empresarial. Pasó así a dirigir el gran negocio prostibulario que fue legalizado y considerado parte del sector rentable del mercado en países como Australia, Holanda, Alemania y Nueva Zelanda. Pero, mientras algunas ramas ligadas a la prostitución se convirtieron en un sector legal y rentable del mercado, la prostitución como tal continuó siendo ilegal en la mayoría de los países occidentales.

Puritanismo y moral sexual

Durante el siglo XIX, gran parte del movimiento abolicionista consideraba que la moral de las mujeres era mucho más elevada porque supuestamente tenían menos «instinto» por el sexo que los hombres, considerados seres sexuales. Desde este prisma moralista, la prostitución significaba un ultraje a las mujeres de todas las clases y por eso proponían que los hombres ejercitaran un control de su impulso sexual «natural», lo que permitiría el «progreso» de la humanidad. Esto llevó a debates sobre la sexualidad en un movimiento que llegó a proponer la monogamia con campañas por la pureza sexual[3]. Las leyes de divorcio también estaban cruzadas por esa valoración moral de la sexualidad con diferente rasero de medida para hombres y mujeres. En la mayoría de los países de Europa, la legislación juzgaba con dureza la «infidelidad» femenina, mientras que para los hombres las relaciones extramatrimoniales no implicaban un problema jurídico ni una condena social. Tanto en Francia como en Inglaterra, el hombre tenía derecho al divorcio si su mujer le era infiel y la infidelidad de las mujeres era juzgada con la cárcel, considerada una amenaza para el Estado, la familia y la moral social. La infidelidad de los hombres no tenía consecuencias de este tipo. Todo esto acompañado con un discurso del temor a familias contaminadas por hijos no engendrados por el padre, en paralelo a la condena moral y falta de derechos de las madres solteras. La separación de las esferas sexuales pública y privada, ubicaba a las mujeres en una u otra: las casadas formaban un grupo separado de las mujeres en prostitución y las solteras sin recursos, cuyo destino principal era ser criadas. Los hombres tenían el privilegio de recorrer ambas esferas entre el burdel, la amante y el hogar.

Hacia 1900, en Europa primaba un fuerte conservadurismo dentro del movimiento de mujeres respecto a la sexualidad femenina, que fue contestado por otro sector en defensa de la emancipación sexual de las mujeres. La doble moral empezó a ser cuestionada dentro del matrimonio, en el cual la mujer perdía autonomía sexual bajo el sometimiento de los deseos del marido. Cicely Hamilton, en su libro *Marriage as a Trade* (1909), fue una de las primeras en Inglaterra en criticar al matrimonio como una institución de manutención para las mujeres donde

---

[3] *Ibid.*, p. 236.

las casadas no se diferenciaban de las prostitutas y ambas eran explotadas sexualmente por los hombres.

En este contexto de debates sobre la prostitución y el matrimonio, Friedrich Engels publicó en 1884 *El origen de la familia, la propiedad privada y el Estado*, donde define la prostitución como una institución social que mantenía la antigua libertad sexual en provecho de los hombres y que, aunque socialmente era rechazada, esta reprobación moral «nunca va dirigida contra los hombres que la practican, sino solamente contra las mujeres; a estas se las desprecia y se las rechaza, para proclamar con eso una vez más, como ley fundamental de la sociedad, la supremacía absoluta del hombre sobre el sexo femenino»[4]. A la vez planteaba que «todo lo que la civilización produce es también doble, ambiguo, equívoco, contradictorio; por un lado, la monogamia, y por el otro, el heterismo, comprendida su forma extremada, la prostitución»[5]. Sobre esta base, desde el marxismo se desarrolla la idea de que la prostitución es una institución social que surge como contrapartida a la aparición de la familia basada en el matrimonio monógamo, junto con la propiedad privada, el Estado y la sociedad de clases.

Las feministas revolucionarias de la época, muy lejos de considerar la prostitución como un escándalo moral, abogaron por una férrea defensa de la liberación de la sexualidad con la perspectiva de conquistar una nueva moral capaz de romper con el puritanismo y la monogamia, funcionales al patriarcado capitalista. Rosa Luxemburg, Clara Zetkin, Inessa Armand o Aleksandra Kolontái consideraban la prostitución como una institución que condenaba a las mujeres pobres, y al matrimonio como su contracara, por implicar una relación de dependencia económica para las mujeres. Algo totalmente contrario a la idea socialista del amor libre, entre iguales. La lucha contra la institución de la prostitución iba unida a la defensa del derecho de las mujeres a gozar del deseo sexual igual que los hombres, sin renunciar a la solidaridad y la igualdad entre ambos.

---

[4] Engels, *op. cit.*
[5] *Ibid.*

LA PROSTITUCIÓN, UNA INSTITUCIÓN PATRIARCAL AL SERVICIO DEL GRAN NEGOCIO CAPITALISTA

Llegado el siglo XXI, las redes de trata y la explotación sexual a escala mundial alcanzan una dimensión sin precedentes. Según la Fondation Scelles, la prostitución genera 160.000 millones de euros en el mundo. Cinco millones por día en el Estado español, siendo el primer país de Europa en consumo de prostitución, el tercero del mundo tras Tailandia y Puerto Rico. En 2010, la prostitución era el 0,35 por 100 del PIB (INE). El último Informe Global sobre Trata de Personas 2018, difundido en enero de 2019 en Viena, da cuenta de 24.000 casos de trata documentados en 2016 en 142 países, y la explotación sexual (59 por 100) continúa siendo el delito más común, después del trabajo forzado (34 por 100). Estas cifras de la Oficina de Naciones Unidas contra la Droga y el Delito (ONUDD) están limitadas a las víctimas detectadas. Según este informe, más del 70 por 100 de las víctimas globales de trata son femeninas, de las cuales el 49 por 100 son adultas y el 23 por 100 son niñas.

La feminista abolicionista Sheila Jeffreys, en su libro *La industria de la vagina,* da cuenta del proceso de industrialización y globalización de la prostitución a fines del siglo XX y comienzos del siglo XXI, entendido este como la comercialización de la subordinación femenina. Su libro se inspira en el trabajo de otras teóricas feministas como Kathleen Barry (1979, 1995) y Andrea Dworkin (1983). Por su parte, Rosa Cobo[6], en su libro *La prostitución en el corazón del capitalismo,* explica cómo las transformaciones estructurales del capitalismo mundial la han convertido en «una industria esencial para la economía capitalista, para la economía criminal, para los Estados que ven en esta institución una fuente de ingresos públicos, pero también para las instituciones del capitalismo internacional, como el Banco Mundial o el Fondo Monetario Internacional». Plantea que estos

---
[6] R. Cobo, *La prostitución en el corazón del capitalismo,* Madrid, Catarata, 2017.

cambios coinciden con una mayor aceptación social de la prostitución, conceptualizada como industria del entretenimiento y del ocio. Veremos cómo estas autoras, si bien explican el vínculo entre prostitución y capitalismo con interesantes estudios, en sus propuestas escinden la lucha contra la explotación sexual de una estrategia que apunte al sistema capitalista. Ahora bien, ¿es posible acabar con la explotación sexual de las mujeres, a la que también son arrojadas las personas trans, sin socavar las bases del entramado entre prostitución, Estados y sociedad de clases? Este es un gran debate.

En definitiva, la prostitución como institución ha tenido diferentes características a lo largo de la historia y ha sido percibida socialmente de forma cambiante. Sus vínculos con el sistema capitalista patriarcal se fueron modificando en paralelo al cambio en las relaciones sexoafectivas, el matrimonio, la familia, etc. Tras grandes derrotas sociales, políticas y culturales, en las décadas de los ochenta y noventa la ofensiva capitalista reconfiguró aspectos del ideario de liberación sexual del 68 que ponía en jaque las tradiciones de una moral conservadora. Pero, en nombre de una supuesta libertad sexual, fue tomando forma una cultura de hipersexualización, con mayor visibilización de gays, lesbianas o trans y la extensión del matrimonio igualitario en algunos países; se transformó la sexualidad en un objeto de consumo y lucro a niveles industriales[7]. En ese contexto, se amplió a escala planetaria la trata de mujeres para la explotación sexual. Un fenómeno que afecta especialmente a las personas trans, las más oprimidas dentro del colectivo LGTBI, que afrontan un 85 por 100 de paro y altos índices de prostitución.

Esto tuvo repercusiones en el movimiento feminista. Emergieron las corrientes regulacionistas, que consideran la prostitución como «trabajo sexual» o «servicios sexuales» del trabajo reproductivo, en el que las mujeres pueden ejercer lo que llaman «elección y agencia» o «agencia sexual», un enfoque que

---

[7] A. D'Atri, «Pecados capitales», *Ideas de Izquierda*, 2 de abril de 2014 [http://www.laizquierdadiario.com/ideasdeizquierda/pecadoscapitales/].

ha sido denominado «decisionista»[8]. Las abolicionistas critican que esta corriente, otra vez con la libertad sexual como pretexto, converge con la del libre mercado legitimando la prostitución –cuya expansión, sostienen, depende de su aceptación moral, motivo por el cual habría que condenarla–. Un argumento al que las feministas regulacionistas o «proderechos» responden diciendo que se trata de posiciones basadas en un «conservadurismo puritano y moralista», mientras promueven la organización de mujeres en situación de prostitución que se identifican como trabajadoras sexuales. Se retoma así el debate referente a la moral y la prostitución, la sexualidad femenina y la emancipación sexual de las mujeres.

En este contexto reaparecen nuevos interrogantes teóricos y políticos: ¿se puede acabar con la prostitución o hacer retroceder el proxenetismo desde los Estados capitalistas? ¿Normaliza el regulacionismo la prostitución como institución capitalista y patriarcal? Preguntas incómodas en un debate tan polarizado.

Abolicionistas y regulacionistas, ¿en la trampa del Estado capitalista?

La prostitución fue descriminalizada en el Código Penal español de 1995, en el que a su vez se eliminó la Ley de Peligrosidad Social de la dictadura franquista. Esta ley –que había mantenido en la cárcel a mujeres por divorcio, aborto o por prostitución– sobrevivió a su derogación en 1978 en los diferentes códigos penales, lo que da cuenta de cómo utiliza el Estado los instrumentos punitivos contra las mujeres. Actualmente, se encuentra en una situación de «alegalidad», no está prohibida ni reglamentada en el Código Civil, mientras que sí está prohibida la explotación sexual y el proxenetismo.

La corriente mayoritaria del abolicionismo, aferrada a la exclusión de cualquier otra postura bajo el binomio «o con el abo-

---

[8] S. Jeffreys, *La industria de la vagina. La economía política de la comercialización global del sexo,* Barcelona, Paidós, 2011, p. 37.

licionismo o con el proxenetismo», acusa a quienes se oponen a la ilegalización de la prostitución de ser «defensoras y portavoces del proxenetismo y los puteros»[9]. Y, aunque están en contra de penalizar a las mujeres en prostitución y proponen ayudas legales a quienes deseen salir de esa situación, centran sus propuestas en la persecución con el Código Penal a proxenetas a través del Tribunal Constitucional y la Audiencia Nacional. Si bien existe una gran complejidad y matices entre las corrientes abolicionistas, algunas de ellas –incluso corrientes de izquierda– exigen expulsar de los espacios feministas a las regulacionistas o a quienes se identifican como «trabajadoras sexuales». Una posición que está llevando a fracturas en el movimiento feminista y en las asambleas del 8M, ya que atenta contra el funcionamiento democrático del movimiento. En su mayoría, sugieren medidas que se orienten hacia «el retroceso de la industria global del sexo» y, como medida central, apuntar al «cliente», concepto que cuestionan y sustituyen por «prostituidor» o «putero».

Las abolicionistas que se autorreferencian en el feminismo radical enfocan la cuestión de la prostitución estableciendo una relación directa con la violencia machista. Así como abogan por una estrategia punitivista y promueven la intervención policial y judicial para las víctimas de violencia machista, enfocan de la misma manera la prostitución. Ligado a ello, también se amparan en los instrumentos legales internacionales como la Convención contra la trata de personas y la explotación de la prostitución ajena de 1949 y de 1979, la Convención de las Naciones Unidas contra la Explotación Sexual o el Protocolo sobre la Trata de Personas del año 2000, los cuales consideran instrumentos legales útiles para atacar la industria global del sexo[10].

Sin embargo, en estas posiciones, ¿dónde está el límite para que una ley abolicionista garantizada por el Estado y su justicia

---

[9] RADFEMMES, «Visca, visca, visca, la lluita… ¿feminista? Sobre el #VEncuentro8M2019», 28 de enero 2019 [https://radfemmes.wordpress.com/2019/01/28/visca-visca-visca-la-lluita-feminista-sobre-el-vencuentro8m2019/].

[10] Jeffreys, *op. cit.*, pp. 245-248.

patriarcal no acabe penalizando y persiguiendo a las personas en situación de prostitución más vulnerables, es decir, la mayoría? Se trata del mismo Estado que persigue a las mujeres en prostitución a través de la Ley Mordaza del Partido Popular o con la Ley de Extranjería defendida por el PSOE. ¿No estamos ante un potente combo punitivista que dará más vía libre a las fuerzas policiales para tirar el Derecho Penal encima de las personas en prostitución? Además, el problema más importante subsiste, ya que la prostitución no se va a eliminar por decreto, mientras perdure un sistema que recrea situaciones de extrema pobreza para una gran mayoría de mujeres y personas trans, que son arrojadas a la explotación sexual. Esta cuestión no aparece problematizada en gran parte de las campañas abolicionistas.

Respecto a la mayoría de las tendencias regulacionistas, proponen que el Estado legalice la prostitución y se reglamente la instalación de prostíbulos, las formas de explotación de las mujeres y los controles sanitarios. Consideran que el «trabajo sexual»[11] podría regularse y desarrollarse libre del proxeneta, como una profesión que las mujeres pueden elegir libremente e imponer sus condiciones al cliente, sin violencia y diferenciado de la explotación sexual y la trata[12]. Utilizan otro binomio que determina «o con el regulacionismo o con el puritanismo y la persecución». En muchos casos, la crítica al proxenetismo es ambigua o no contempla ninguna denuncia explícita, aun reconociendo la existencia de la trata y la discriminación racial.

Sin embargo, las «trabajadoras sexuales libres» son una minoría frente a una gran mayoría creciente de mujeres o personas trans condenadas por la pobreza a una situación de prostitución que muy probablemente nunca hubieran elegido. Además, en Europa una gran mayoría son inmigrantes, las más vulnerables a ser atrapadas por las redes de trata. No dar respuesta a esta rea-

---

[11] C. Borrell, «Quiero ser puta», *El Periódico*, 13 de marzo de 2015 [https://www.elperiodico.com/es/sociedad/20140214/quiero-ser-puta-3105869?utm_source=newsletter&utm_medium=email&utm_campaign=elPeriodico-ed07h], consultado 3 de mayo de 2019.

[12] Cogam, sindicato OTRAS, presentación en Cogam, septiembre de 2018 [https://www.cogam.es/que-es-cogam/], consultado el 13 de mayo de 2019.

lidad puede acabar naturalizando o embelleciendo la prostitución como una profesión libre o una salida laboral posible para «ganar dinero rápido», que sería mejor que «trabajar de cajera en un supermercado», como se suele escuchar en múltiples actos y entrevistas a las portavoces de estas organizaciones.

Algunas representantes del regulacionismo acaban en la trampa de separar, como si hubiese una barrera infranqueable, las actividades consideradas de libre elección y sin violencia por parte del cliente (como podría ser en locales, pisos, clubes de alterne, salas de *striptease, peepshows*, salones de masajes y otros espacios cerrados) de la prostitución y las redes de trata. Pero, si bien es cierto que «no todo es trata», es necesario reconocer que sus tentáculos llegan a estos espacios para cubrir una demanda cada vez más grande. El 90 por 100 de las víctimas de trata en el Estado español son destinadas a la explotación sexual y este sistema de esclavitud se ha convertido en la principal fuente de abastecimiento de la industria mundial del sexo para todos los ámbitos: prostitución callejera, prostíbulos, clubes de *strippers,* o pornografía, entre otros.

Ante esta situación, la Organización Internacional del Trabajo (OIT), organizaciones internacionales por los derechos civiles y distintos Estados proponen la sindicalización de las mujeres en situación de prostitución, cuestión que abre otro debate polémico. Mientras que las regulacionistas defienden el derecho a sindicalización –al considerar la prostitución como un trabajo más–, las abolicionistas discuten cuál es la delgada línea que separa el sindicato de una nueva organización proxeneta. En el Estado español el derecho a formar sindicatos sólo es permitido legalmente a quienes trabajan por cuenta ajena, es decir para un tercero. En este caso, el tercero sería un proxeneta y el proxenetismo es delito en España, motivo por el cual, plantean, no sería legal establecer un sindicato de «trabajadoras sexuales».

No obstante, ambas colocan también en esta cuestión la solución en el Estado capitalista, depositando en este la responsabilidad de regular la vida de las mujeres en prostitución o la responsabilidad de castigar a las organizaciones sindicales. Las abolicionistas se amparan en las reaccionarias instituciones del

Tribunal Constitucional o la Fiscalía, tal como hizo el PSOE al iniciar un recurso para anular la inscripción legal de sindicatos que se autodenominan de «trabajadoras sexuales»[13]. Este partido incluyó en su programa electoral una Ley abolicionista que busca sancionar penalmente la prostitución y está promoviendo el debate de forma polarizada en el movimiento de mujeres con fines electorales. Por otro lado, las organizaciones regulacionistas se amparan en la OIT, Amnistía Internacional, Médicos del Mundo y la ONU explicando que han reconocido el trabajo sexual como un trabajo. Pero la posición de la OIT de impulsar la sindicalización está pensada no para mejorar su situación, sino para legalizar el negocio de los proxenetas y los ingresos que aportarían a los Estados en materia de impuestos a las ganancias con sus «empresas» reglamentadas. Este último ha sido justamente uno de los argumentos de partidos como Ciudadanos, con un discurso neoliberal de «libre elección» y haciendo cuentas de lo que se recaudaría.

La hipocresía del Estado español, que dice perseguir y prohibir al proxeneta, queda develada con el Registro de Asociaciones del Ministerio de Interior de organizaciones de empresarios bajo la carátula de «alterne». Una de las que ha tenido más repercusión es ANELA (Asociación Nacional de Empresarios de Locales de Alterne), que representaba a 200 locales de todo el país y cuyo secretario general hasta 2011 era José Luis Roberto Navarro. Su prontuario: fue dirigente de la plataforma de extrema derecha España 2000, colaboró con Falange en Valencia y ejerció como jefe de la empresa Levantina de Seguridad. Aunque el proxenetismo no es legal, sí lo es poseer un establecimiento donde se ejerce la prostitución. Particularmente en Catalunya se ofrecen licencias «para reunir personas para practicar prostitución», que utilizan los dueños de burdeles para

---

[13] J. L. Martínez y L. Nistal, «Una posición feminista anticapitalista en el debate sobre la prostitución», *La Izquierda Diario*, 8 de septiembre de 2018 [http://www.izquierdadiario.es/Una-posicion-feminista-anticapitalista-en-el-debate-sobre-la-prostitucion].

abrir estos clubes, donde supuestamente las mujeres en prostitución pueden «reunirse» para ejercer para un tercero.

Lejos de todo puritanismo, se hace necesaria la defensa del derecho de las personas en situación de prostitución a su autoorganización, exenta de la injerencia de «terceros», es decir, del proxeneta o del Estado –sea regulacionista o punitivo–. Existen asociaciones y colectivos de mujeres autodenominadas trabajadoras sexuales que se organizan desde hace tiempo, muchas de ellas están inscritas como autónomas bajo otras categorías laborales, para obtener derechos como la seguridad social. Más allá de las diferencias políticas o ideológicas existentes entre organizaciones respecto de la prostitución y el trabajo sexual, vemos necesario acompañar a las mujeres en situación de prostitución autoorganizadas, combatir la estigmatización, persecución y marginación social, al mismo tiempo que denunciar la complicidad de las fuerzas represivas del Estado, la Justicia y poderosos empresarios en el funcionamiento y la impunidad con los que operan las redes de trata y el proxenetismo.

Una posición alternativa para terminar con la explotación sexual

Aunque enfrentadas, abolicionistas y regulacionistas tienen en sus propuestas puntos de contacto. Ambas centran su estrategia en buscar el amparo de las leyes del Estado capitalista –ya sea en las sentencias punitivas o en reformas reglamentarias– y en conseguir algunas reformas, pero en general lo hacen sin cuestionar de fondo las condiciones materiales que coaccionan a las mujeres en situación de prostitución.

Esta es la paradoja que cruza a los movimientos sociales desde finales de la década de los setenta y ochenta, frente a la incorporación de algunos derechos democráticos en los códigos legislativos. Con la institucionalización del movimiento de mujeres, tendió a imponerse la idea de que esos derechos serían garantizados a largo plazo por el Estado, que aplicaría el peso de la ley contra aquellos que los vulneraran. Se perdía de vista entonces que eran los mismos Estados capitalistas los que recortaban derechos y promovían mayores situaciones de desigualdad. Las autoras abolicionistas consideran que, como reacción a los avances del feminismo de las décadas de los sesenta y setenta, el avance de la industria del sexo viene a fortalecer al patriarcado. Como respuesta, Rosa Cobo propone «una lucha feminista políticamente estratégica para interpelar a los patriarcados y para poner límites al poder del mercado»[14]. De igual modo, Sheila Jeffreys plantea que no hay que mantener distancia con los factores estructurales que subyacen a la prostitución, aunque después no incorpora dichos factores en su estrategia contra el patriarcado. Sus soluciones se mantienen dentro de los marcos legales del sistema, con la idea de hacer retroceder la prostitución bajo políticas públicas del feminismo[15], y ensalzan un modelo de Estado (capitalista) como el de Suecia –cuya ley que prohíbe la compra de servicios sexuales entró en vigor en enero de 1999–. Este modelo «nórdico» suele ponerse como ejemplo de los beneficios de una ley abolicionista, pero la persistencia en ese país de muchos elementos de lo que fue un fuerte Estado de bienestar, ahora degradado, es más que una utopía para la mayoría de los países, ya no digamos semicoloniales, sino también los europeos en crisis.

La corriente autodenominada feminista radical –radfems[16]–, referenciada en estas autoras, centra su estrategia en una persecución contra los hombres, apuntando al «putero», que en muchos países se traduce en el eslogan «Sin cliente no hay prostitución». Algo que para muchas mujeres en situación de prostitución puede significar mayor hostigamiento policial o el traslado hacia zonas más inseguras. Además, lejos de justificar la cultura machista y patriarcal que somete a la mercantilización de los cuerpos de las mujeres o personas trans, la denuncia de las feministas anticapitalistas debería ser «Sin explotación no hay prostitución. Sin capitalismo no hay mercancías sexuales», si realmente se

---

[14] Cobo, *op. cit.*, p.38.
[15] Jeffreys, *op. cit.*, p. 21.
[16] RadFemmes, *op. cit.*

considera la prostitución profundamente integrada en la economía capitalista. Por tanto, el principal punto de contacto entre ambas posiciones es una estrategia que apunta exclusivamente al patriarcado, como si este fuera un sistema autónomo, abstraído de la economía y de la política. Jeffreys incluso se refiere de manera irónica a lo que entiende por una estrategia feminista anticapitalista, como si esta implicara «esperar hasta después de la revolución, lo que permitiría a la industria global de la prostitución prosperar sin ataduras». Ella plantea que la prostitución, «en una "globalización justa", no tiene ningún rol»[17]. ¿Pero desde cuándo es realmente factible un capitalismo globalizado que sea «justo»?

Ante una disputa polarizada, en la cual muchas mujeres no se reconocen como parte de ninguno de los dos campos en disputa, es posible plantear una posición alternativa, antipunitivista y anticapitalista. La postura de las feministas socialistas sólo se podría denominar abolicionista «en última instancia», al considerar que es una utopía pretender terminar con un fenómeno social como la prostitución y la mercantilización de la sexualidad con medidas punitivas por parte del Estado capitalista[18]. En cambio, abordamos la abolición de la prostitución como institución, al igual que estamos por la abolición de la explotación asalariada en general y toda forma de opresión.

Como el debate sobre la prostitución no es un debate abstracto, es importante defender al mismo tiempo el pleno derecho a la autoorganización de las personas en situación de prostitución con total independencia de los explotadores y del Estado, cómplice de los proxenetas. Y acompañar la lucha por un trabajo sin precariedad para todas las personas en situación de prostitución que quieran abandonarla, con un salario que cubra todas las necesidades, además de acceso a la salud, sanidad y vivienda, entre otras medidas planteadas por las personas autoorganiza-

---

[17] Jeffreys, *op. cit.*, p. 257.
[18] A. D'Atri, «¿Regulación o abolicionismo? Un debate que no tiene sólo dos posiciones excluyentes», *La Izquierda Diario*, 6 de agosto de 2015 [http://www.laizquierdadiario.com/Regulacion-o-Abolicionismo-Un-debate-que-no-tiene-solo-dos-posiciones-excluyentes].

das. La reivindicación de un cupo laboral para personas transexuales es otra medida contra la marginación social y laboral. En este caso, también es importante defender el derecho a una sanidad universal gratuita y garantizada por el Estado que cuente con áreas especializadas y que aseguren el acceso al proceso de transición de género.

Como sostenía el marxista August Bebel sobre la prostitución en el siglo XIX: «los que se ocupan de esta cuestión empiezan a darse cuenta de que la triste situación social bajo la que sufren numerosas mujeres pudiera ser la causa principal de que tantas de ellas vendan su cuerpo; pero este pensamiento no avanza hasta la consecuencia de que, por consiguiente, es necesario crear otras condiciones sociales»[19]. Esta es la aspiración de las feministas anticapitalistas. Una perspectiva que no implica dejar para la posteridad la lucha para acabar con la explotación sexual, sino que busca articular propuestas transitorias que apunten a crear otras condiciones sociales. Trabajo, vivienda, educación, salud, regularización de las personas inmigrantes, cierre de los CIE, terminar con la precariedad laboral y con las persecuciones policiales, son todas cuestiones muy concretas y materiales necesarias para combatir la explotación sexual de las mujeres.

En definitiva, las dos posiciones enfrentadas en la calle Robadors de Barcelona, que mencionábamos al inicio de este capítulo, también están alejadas de las mujeres y niñas en situación de prostitución de otra calle cercana, La Rambla, a unos pasos de la Plaça de Catalunya. Allí la mayoría de las mujeres en prostitución provienen de países de África o América Latina. Para ellas no puede resultar nada favorable la persecución policial, porque acabarían deportadas de inmediato, pero seguramente tampoco se sientan identificadas con el sentimiento de empoderamiento y «agencia» individual.

---

[19] A. Bebel, *La mujer y el socialismo*, La Habana, Editorial de las Ciencias Sociales, 1979.

VIII

FEMINISMO, LIBERACIÓN SEXUAL Y DIVERSIDAD

El movimiento Me Too generó nuevos debates sobre la sexualidad en el movimiento de mujeres y reactualizó algunos que se habían dado en el pasado. Una carta publicada por un grupo de intelectuales y artistas francesas advertía sobre los riesgos del puritanismo sexual. Muchas criticaron que banalizaban la violencia machista; otras señalaron que escribían desde los privilegios de ser mujeres blancas y ricas, sin tomar en cuenta la vulnerabilidad material de la mayoría de las mujeres ante situaciones de abuso. Aun así, la señal de alarma sobre el peligro de una deriva conservadora en el terreno sexual no era en vano[1]. En junio de 2018, la revista española *Contexto* publicaba un dosier de artículos con el sugerente título «Hablemos de follar», con interesantes aportes y posiciones encontradas. La polémica estaba servida.

El debate sobre la sexualidad formó parte del movimiento feminista desde el siglo XIX, generándose una temprana polarización; por un lado, corrientes que ponían el foco en el peligro y la violencia patriarcal, por el otro, quienes intentaron destacar la lucha por la liberación sexual, contra la regulación social de la sexualidad femenina. Amparándose en la idea de «proteger a las mujeres», por momentos algunas corrientes moralistas y antisexo llegaron a tomar fuerza en el feminismo. Acompañaban la ola de puritanismo social, impulsado por el Estado, instituciones médicas y religiosas, que estableció una frontera entre mu-

---

[1] J. L. Martínez, «Hablemos de follar: entre el placer y el peligro, feminismo y liberación sexual», *Revista Contrapunto,* julio de 2019 [https://www.izquierdadiario.es/Hablemos-de-follar-entre-el-placer-y-el-peligro-feminismo-y-liberacion-sexual].

jeres buenas (casadas, pasivas y asexuales) y mujeres malas (jóvenes o solteras que disfrutaban de su sexualidad, lesbianas o prostitutas). La polémica se mantuvo, bajo diferentes formas, a lo largo de más de un siglo. En 1982 se realizó una conferencia feminista sobre sexualidad en el Barnard College de Nueva York que resultó en un escándalo cuando un grupo de activistas antipornografía hizo piquetes para boicotear el evento. El incidente forma parte de lo que se llamó las «guerras del sexo» en el movimiento feminista, con posiciones encontradas alrededor de temas como la diversidad sexual, el placer sexual, la pornografía y la transexualidad. Casi 40 años después, muchas cosas han cambiado, pero algunas preguntas se reiteran: ¿hay una naturaleza sexual masculina y otra femenina, esencialmente diferentes?, ¿o son producto de condiciones históricas?, ¿cómo actúa la represión en la sexualidad femenina?, ¿y cómo luchar por la plena liberación sexual?

En el artículo «El placer y el peligro: hacia una política de la sexualidad», Carol Vance planteaba una disyuntiva importante:

> En la vida de las mujeres la tensión entre el peligro sexual y el placer sexual es muy poderosa. La sexualidad es, a la vez, un terreno de constreñimiento, de represión y peligro, y un terreno de exploración, placer y actuación. Centrarse sólo en el placer y la gratificación deja a un lado la estructura patriarcal en la que actúan las mujeres; sin embargo, hablar sólo de la violencia y la opresión sexuales deja de lado la experiencia de las mujeres en el terreno de la actuación y la elección sexual y aumenta, sin pretenderlo, el terror y el desamparo sexual con el que viven las mujeres[2].

El movimiento juvenil del 68 apuntó sus cañones contra la represión sexual y el modelo normativo de la familia heteropatriarcal. En ese contexto, el feminismo de la Segunda Ola cuestionó muchos de los límites impuestos a la sexualidad femenina,

---

[2] C. S. Vance (comp.), *Placer y peligro: explorando la sexualidad femenina*, Madrid, Talasa, 1989.

no sólo por la violencia machista sino también por un modelo que subordinaba el sexo a la reproducción. Muchas feministas también señalaron que, sin una verdadera emancipación de las mujeres, no podría alcanzarse plenamente el «amor libre» en el marco de una sociedad capitalista y patriarcal. La deriva conservadora de los años ochenta se hizo sentir pronto en este terreno. La corriente de las feministas culturales o ciertas feministas de la diferencia, en vez de concebir la opresión de las mujeres como construcción social, sostuvieron que la sexualidad femenina y la masculina eran realidades prácticamente inalterables. La polaridad entre la sexualidad de hombres y mujeres se convirtió entonces en la base casi natural para una contracultura femenina apoyada en las emociones/naturaleza/pacifismo/ternura, frente a los polos del deseo sexual/producción/guerra/agresividad atribuidos a los hombres[3]. En el seno de este feminismo convivieron posiciones abiertamente biologicistas con otras que, aun siendo ambiguas, tendían hacia la misma dirección. Estas feministas ya no querían ni revolución sexual ni mucho menos revolución socialista. En este desplazamiento, incluso, llegaron a considerar el capitalismo como un «sistema relativamente benigno que se podía captar para la lucha en contra del patriarcado»[4]. Al equiparar violencia y sexualidad, impugnaron el legado de la liberación sexual de los años sesenta, sin considerar sus contradicciones, sus luces y sombras, asumiendo posiciones puritanas respecto a la sexualidad. Además, mientras las tendencias feministas y anticapitalistas cuestionaban el amor romántico y la monogamia como un ideal conservador y patriarcal, otras los glorificaban. Alice Echols señaló algunas contradicciones de estas miradas sobre la sexualidad:

> La incapacidad de la revolución sexual para desafiar la asimetría de los géneros no justifica la defensa por parte de las feministas culturales de un patrón sexual tradicional, aunque

---

[3] A. Echols, «El ello domado: la política sexual feminista entre 1968-83», en Vance (comp.), *Placer y peligro,* cit.
[4] *Ibid.*

sea modificado para incluir a las lesbianas y gays, cuya sexualidad les parezca ortodoxa[5].

Sin embargo, en el periodo neoliberal se desarrolló también una tendencia opuesta: el neoliberalismo sexual. Exaltando la libre elección y la diversidad, nuevas teorías defendieron las libertades sexuales, pero se acoplaron a la lógica del mercado, focalizando en cambios en el plano individual y dejando de lado las críticas hacia las estructuras del capitalismo patriarcal. Y si bien buscaron mostrarse como continuación de los «valores del 68», erradicaron los elementos más rebeldes y antisistémicos de los movimientos sociales previos, como los que nacieron en las revueltas de Stonewall, las luchas masivas y las huelgas obreras. Ya hemos visto cómo el neoliberalismo y el posmodernismo incentivaron una sexualización del mercado y de la política, transformando los valores de la diversidad en espacios capitalistas y banderas de «libertad» para blanquear las intervenciones imperialistas de los Estados más poderosos, mientras se desarrollaba el negocio de la prostitución y la trata a una escala nunca vista.

Con la nueva oleada feminista, hoy se actualizan ciertos debates sobre la sexualidad y vuelve a estar presente aquella tensión entre el placer y el peligro. Medios de comunicación e instituciones estatales ponen el foco en este último, revictimizando a las mujeres y buscando imponer nuevos límites a nuestra sexualidad, en especial en el caso de las más jóvenes. Pero el movimiento feminista no debería caer en esa trampa: considerar la sexualidad de las mujeres sólo desde el ángulo del peligro y la violencia machista implicaría abandonar nuestra capacidad de «agencia» y limitar la búsqueda del placer sexual.

Otro tema que genera fuertes polémicas en el movimiento de mujeres es la progresiva incorporación de la cuestión trans entre sus reivindicaciones. Mientras muchas defendemos el derecho de las mujeres trans a ser parte de las asambleas y espacios del movimiento de mujeres, algunos sectores del feminismo lo rechazan con argumentos que se apoyan en un determinismo bio-

---

[5] *Ibid.*

logicista o en definiciones fijas de lo que significa «ser mujer» en esta sociedad patriarcal, por lo que han recibido fuertes críticas de transfobia. La respuesta de este sector es un cuestionamiento de las teorías *queer*, al mismo tiempo que acusan de «posmodernas» a todas las que defienden los derechos de las personas trans en el feminismo.

Las teorías *queer* aparecieron con fuerza a principios de los años noventa como una traducción particular del posestructuralismo en el ámbito del pensamiento feminista, tal como lo explica Judith Butler en su libro *El género en disputa*. Su principal blanco de ataque eran las teorías del feminismo radical y el feminismo de la diferencia, así como todas las definiciones esencialistas del género. Al mismo tiempo, rechazaba la lógica del constructivismo social feminista por considerar que se establecía una identidad fija de «mujer». Siguiendo los trazos de la concepción del poder de Michael Foucault, Butler sostenía que la construcción de una identidad «mujer» implicaba ya una disciplina y una negación de todas las identidades alternativas. Desde este punto de vista, la crítica a la heterosexualidad normativa y al binarismo sexual permitiría una desnaturalización radical del género, al que considera performativo (actuado a través de una sucesión de gestos y discursos que sexualizan los cuerpos). Ahora bien, por más sugerente que este punto de vista pueda ser para cuestionar los límites de la sexualidad normativa, la teoría *queer* tiene enormes limitaciones. En primer lugar, porque restringe mucho las posibilidades de resistencia al ámbito individual de los cuerpos, mediante prácticas que denomina paródicas, con el objetivo de desestabilizar las estructuras binarias del género. Las relaciones sociales capitalistas –en el marco de las cuales se reproduce el modelo de familia heteropatriarcal normativa– no están en el foco del cuestionamiento, ni tampoco la explotación de los cuerpos por el capital. Por eso, como estrategia política, no logra ir más allá de un despliegue de microrresistencias en el seno de las democracias liberales. Estas actuaciones performativas individuales, además, se encuentran muy alejadas de las posibilidades de millones de personas desposeídas en todo el planeta.

Por otro lado, tal como plantea Cinzia Arruza, si bien desde el feminismo radical, el feminismo de la diferencia y las teorías *queer* se han planteado visiones del género muy dispares, estas corrientes mantienen muchos puntos de contacto: «Lo que han compartido en general ha sido un desplazamiento radical de atención hacia el plano del discurso y del lenguaje como lugar de definición de la identidad de género y de la formación de una jerarquía entre los sexos»[6]. Se trata del proceso de aculturación de la crítica social que acompañó el giro neoliberal, tal como explicábamos en el primer capítulo.

Volviendo al debate actual, defender los derechos de las mujeres trans a ser parte del movimiento de mujeres no supone adherirle los fundamentos de las teorías *queer*, ni mucho menos su estrategia política. Pero, si partimos de la idea de que la «biología no es destino» y que el género es una construcción social, deberíamos por lo menos respetar la autoidentificación de género de las personas trans o el modo de vivir su sexualidad. Por otro lado, más allá de la posición teórica que se tenga a este respecto, cuando las mujeres trans en países como Argentina o Brasil denuncian la constante persecución policial, el elevado índice de mortalidad trans, la discriminación laboral y la extrema precariedad que padecen, apoyar sus reivindicaciones y derechos desde el feminismo se vuelve algo elemental. Cuestionar su identidad como mujeres desde posiciones esencialistas sólo favorece las visiones transfóbicas que desde la extrema derecha y el fundamentalismo religioso se quieren imponer.

PINKWASHING, ORGULLO Y ORGULLO DE CLASE

El Banco Santander de Ana Botín no podía quedarse fuera del *pinkwashing*. En Reino Unido, una de las plazas fuertes del banco, son promotores de la celebración del Orgullo Gay (Pride) de Londres, con el *hashtag* #SantanderSupportsPride.

---

[6] Arruzza, *Las Sin Parte,* cit.

En junio de 2017, Madrid había sido la sede mundial del World Pride, batiendo récords con la participación de 2,5 millones de personas y con un gasto total que superó los 115 millones de euros. Empresas como Vodafone, Facebook, Uber, El Corte Inglés, Iberia y Philips montaron enormes carrozas propias y cientos de escaparates comerciales se llenaron de banderitas arcoíris. El gaycapitalismo estaba en pleno apogeo. Pero ese año se manifestó también la plataforma Orgullo Crítico, integrada por activistas LGTBI autoorganizados que plantearon algunas preguntas clave: «¿Te imaginas que el Primero de Mayo estuviera patrocinado por Zara o Coca-Cola?», «¿Te imaginas que el Día de la Mujer estuviera patrocinado por Evax, L'Oréal o Fairy?». En 2019, además de denunciar la comercialización del Orgullo y los discursos homófobos de la extrema derecha, la manifestación alternativa destacó las reivindicaciones de las personas trans. Entre otras demandas, exigían la modificación de la Ley de Identidad de Género, la cual impone requisitos médicos para cambiar el nombre y el sexo legal en la documentación oficial.

A la vez que el neoliberalismo sexual utiliza el discurso de la diversidad para crear espacios de mercado y hacer *pinkwashing* de empresas y Estados asesinos como Israel, la mayoría de las personas LGTBI siguen siendo estigmatizadas, acosadas y discriminadas laboralmente en el mundo. Las personas trans tienen una media de esperanza de vida que no supera los treinta y cinco años y tasas de desempleo del 80 por 100, empujando a gran parte de ellas a la pobreza y la prostitución. Recién, en una fecha tan tardía como junio de 2018, la OMS (Organización Mundial de la Salud) dejó de considerar la transexualidad como «trastorno mental», aunque pasó a incluirla en el epígrafe de «condiciones relativas a la salud sexual». La tasa de suicidios de la juventud LGTBI es cuatro veces mayor que la media, la homosexualidad sigue siendo ilegal en 72 países (un tercio del mundo) y en seis existe la pena de muerte, mientras miles de personas siguen sufriendo persecuciones y violencia por sus gustos sexuales.

Aun así, la extrema derecha y las Iglesias no cesan en el intento de restringir los derechos de las personas LGTBI. La financiación estatal de la Iglesia católica en varios países promueve una moral conservadora mantenida con dinero público, ya sea bajo gobiernos de derecha o progresistas. En un concurso de homofobia mundial, los obispos españoles no se quedan atrás. En una rueda de prensa de marzo de 2018, Gil Tamayo, portavoz de la Conferencia Episcopal Española, tildó la transexualidad de «*self-service* antropológico», asegurando que la inscripción legal del género «desdibuja la ecología humana fundamental» y «perturba la vida social». El obispo de Alcalá de Henares comparó la homosexualidad con la pederastia y aseguró que «los homosexuales se corrompían y se prostituían en clubes nocturnos» y que allí «encontraban el Infierno».

Como contratendencia, el nuevo movimiento feminista internacional está confluyendo con las luchas LGTBI en manifestaciones comunes. En Argentina, el Encuentro Nacional de Mujeres que reúne desde hace 34 años a decenas de miles de mujeres una vez por año ha pasado a llamarse «Encuentro Plurinacional de Mujeres Lesbianas, Travestis, Trans, Bisexuales y No Binaries». A su vez, el movimiento Non una di Meno de Italia impulsó un cortejo *transfeminista* hacia la ciudad de Verona en marzo de 2019, en protesta contra el Congreso Mundial de la Familia convocado por Matteo Salvini[7]. En las numerosas asambleas y encuentros nacionales del 8M español participan mujeres trans que aportan sus reivindicaciones a una lucha común. A su vez, entre franjas de chicas y chicos muy jóvenes –entre trece y dieciocho años–, cada día hay más aceptación de la diversidad sexual.

En junio de 2019, en el marco de un nuevo aniversario del Orgullo Gay, la empresa española Telepizza prometía a sus clientes una pizza gratis si «limpiaban» las calles de homofobia. Para llevarse una «pizza arcoíris» sin pagar, los clientes tenían que acercarse a los locales con algún cartel o pegatina con contenido homófobo que hubieran arrancado de la vía pública. La

---

[7] J. L. Martínez y S. Di Pietro, «Una Verona transfeminista protesta contra el Congreso Mundial de la Familia», *La Izquierda Diario*, 30 de marzo [https://www.izquierdadiario.es/Una-Verona-transfeminista-protesta-contra-el-Congreso-Mundial-de-la-Familia].

campaña de la multinacional no pasó desapercibida en redes sociales: varias personas recordaron que la cadena de restaurantes no estaba pagando el aumento de salario mínimo que correspondía según la ley, lo que había causado que trabajadores y trabajadoras convocaran jornadas de huelga. Este tipo de casos abundan, se trata de la típica trampa de la diversidad[8], una empresa capitalista haciendo *pinkwashing* mientras precariza y paga salarios miserables. Pero la historia no termina ahí, un sector de activistas encontró la manera de saltar la trampa.

El 29 de junio, cuando se desarrollaba la marcha del Orgullo Gay en Barcelona, ocurrió algo muy especial. Después de varias horas de un bullicioso recorrido por el centro de la ciudad, un nutrido cortejo se desprendió de la manifestación para dirigirse hacia una de las sedes de Telepizza. Allí se encontraban desde más temprano decenas de huelguistas bloqueando las puertas, que con mucha emoción recibieron el apoyo de los activistas LGTBI. Estos llegaron cantando: «¡Orgullo diverso, orgullo de clase!» y «¡Recuperemos el espíritu de Stonewall!». Muchas de las personas que tuvimos el gusto de estar presentes ese día nos acordamos de la película *Pride* (2014), dirigida por Matthew Warchus. Esta cuenta la historia real de un grupo de activistas gays y lesbianas que se organizaron para juntar dinero en apoyo a la huelga de los mineros británicos en 1984 (Lesbians and Gays Support the Miners).

Recuperar el espíritu de Stonewall significa retomar el legado de esas experiencias de la lucha de clases, cuando la búsqueda de mayores libertades sexuales se combina con el deseo de transformar radicalmente la sociedad.

Capitalismo y sexualidad, entre Tinder y la precariedad

La lucha de las mujeres por derechos reproductivos, como el derecho al aborto libre y gratuito, es una cuestión de salud pú-

---
[8] D. Bernabé, *La trampa de la diversidad,* Madrid, Akal, 2018.

blica (anticonceptivos para no abortar, aborto legal para no morir). Pero, al mismo tiempo, es una lucha por disponer del propio cuerpo, contra la injerencia del Estado y las Iglesias y por una sexualidad más libre. En el mundo, el aborto está totalmente prohibido en una veintena de países y es de acceso restringido en muchos más.

En octubre de 2016, la «marcha negra» de las mujeres polacas sorprendía al mundo. Las mujeres se movilizaron masivamente en Polonia durante los años siguientes contra una de las leyes más prohibitivas de Europa. En Argentina, una enorme marea protagonizada por «pibas» de trece a quince años llenó las calles de Buenos Aires y las principales ciudades del país con millones de mujeres agitando sus pañuelos verdes. La marea verde se contagió a varios países de América Latina donde siguen muriendo cada año miles de mujeres pobres por abortos clandestinos.

La lucha por el derecho a un aborto legal, libre, seguro y gratuito que se realice en hospitales públicos es una lucha permanente, incluso en los países donde ya es legal, porque son constantes los intentos de limitar ese derecho, como ocurre actualmente en Estados Unidos. En el Estado español ha sufrido avances y retrocesos y siempre está en cuestión por la derecha ante el mínimo descuido. El peso social y económico que tiene la Iglesia amenaza constantemente los derechos de las mujeres, por lo que la exigencia de una separación efectiva de la Iglesia del Estado sigue siendo una tarea pendiente.

En el capitalismo, la diversidad sexual y el disfrute de la sexualidad están gravemente restringidos. El sistema capitalista patriarcal históricamente ha controlado y reprimido la sexualidad a través del Estado, los códigos penales, leyes que limitan los derechos reproductivos de las mujeres o simplemente mediante la falta de recursos para planes de educación sexual –cuando no la oposición directa a los mismos–. Instituciones como las Iglesias, las escuelas, los medios de comunicación o el deporte promueven mecanismos de «normalización sexual» que apuntalan la opresión de las mujeres en la familia heteropatriarcal y el matrimonio monogámico. A través de la televisión o la música se sigue proyectando un modelo del amor romántico basado en la idea de la «propiedad» del otro. En algunos sectores de la juventud se detecta de forma alarmante la persistencia de actitudes machistas, ataques de celos y violencia de género —aunque, por suerte, también se extienden las ideas feministas entre grupos muy jóvenes–. El fenómeno de los *youtubers* machistas, que promueven ideas misóginas con un formato *millennial*, aporta a la reproducción de los prejuicios patriarcales. Del mismo modo, las letras de canciones de diferentes géneros musicales (no sólo reguetón, sino también otros mucho más «clásicos») insisten en la imagen de mujeres objeto, ideas sobre el amor como propiedad o la justificación de la violencia de género. Como contraparte, existen tendencias feministas en todos estos géneros musicales que están empezando a tener más repercusión.

Si bien mediante la movilización se fueron conquistado mayores libertades que las que existían en periodos previos –de forma muy desigual según los países–, la explotación capitalista impone restricciones materiales inmensas para una sexualidad más libre. Las jornadas agotadoras de trabajo, enfermedades laborales, el control flexible del tiempo de las trabajadoras y trabajadores por las empresas, los turnos rotativos, el hecho de que cada vez más personas trabajan más horas que las que quisieran y otras lo hacen menos de lo que necesitan para llegar a fin de mes, las dificultades para tener una vivienda digna –para la juventud la posibilidad de irse de casa y alquilar cada vez se posterga más–, condicionan y limitan la sexualidad de millones de personas. Para los jóvenes se hace cada día más difícil disfrutar del tiempo libre, en ciudades donde el ocio se encarece y aumenta el control policial de la vía pública.

Y en este contexto aparecen aplicaciones como Tinder, Grindr, Ok Cupid o Lovoo, entre las más extendidas, que han dado lugar a una nueva cultura del «ligue» y las citas *online*. Cuando preguntamos en un círculo de amigas y conocidas, podemos escuchar por igual defensoras y detractoras de esas aplicaciones. Mientras algunas comentan que han logrado «follar más» y también empezar alguna relación, otras señalan que las *apps* reproducen la lógica neoliberal y el «mercado del deseo», amplificando estereotipos de belleza tradicional y cosificación. Incluso puede que la misma persona opine ambas cosas a la vez.

Es un hecho que Tinder y *apps* similares son un gran negocio capitalista. En mayo de 2019, Tinder fue la aplicación que más facturó a nivel mundial, encabezando los ingresos provenientes de Estados Unidos (47 por 100) y Reino Unido (5,4 por 100). La empresa Match Group, propietaria de Tinder, OK Cupid y otras aplicaciones de «citas», ha visto multiplicarse el valor de sus acciones por seis desde que comenzó a cotizar en la bolsa norteamericana en 2015. Más de 5,2 millones de suscriptores pagan por diversos servicios o membresías *«premium»* que permiten a las personas enterarse de quién les ha dado *like,* o que su «perfil» sea destacado durante unos días entre las «ofertas» para otros usuarios[9].

Quienes se han dedicado a analizar el fenómeno, como Estela Ortiz, autora de la página de Facebook «Filósofos del Tinder», señala que la *app* utiliza a las mujeres como producto, como cebo para que los hombres descarguen la aplicación (y paguen por versiones con más recursos). Pero lo mismo hacen las discotecas o bares tradicionales, no es algo exclusivo de las aplicaciones[10]. También se ha señalado que los «perfiles» de Tinder son una nueva forma del concepto neoliberal del yo-marca y la idea de «véndete a ti mismo» tan propia del capitalismo neoliberal, que supone que el éxito o el fracaso en el sexo o el amor depende exclusivamente de tu voluntad para intentarlo[11]. Incluso se ha apuntado que estas aplicaciones generan una ansiedad casi adictiva por los *likes,* que supera por mucho la concreción de encuentros personales.

---

[9] L. Desposito, «Tinder lanza contenidos interactivos para incrementar su base de usuarios pagos», *BAE Negocios,* 24 de septiembre de 2019 [https://www.baenegocios.com/espectaculo/Tinder-lanza-contenidos-interactivos-para-incrementar-su-base-de-usuarios-pagos-20190924-0025.html].

[10] I. Valdés, «Tinder: ellas cuando quieren, ellos cuando pueden», *El País,* 29 de septiembre de 2019 [https://elpais.com/sociedad/2019/09/27/actualidad/1569614879_466846.html].

[11] L. S. Delgado, «Tinder, una apisonadora emocional», *Revista Contexto,* 25 de septiembre de 2019 [https://ctxt.es/es/20190923/Firmas/28349/tinder-app-diferencias-de-genero-mirada-sexualizadora-lionel-delgado.htm].

Aun así, en un contexto de enorme precariedad laboral y precariedad de la vida en general, cuando mucha gente dispone de menos tiempo libre, estas aplicaciones son a veces el único recurso a mano, que permiten, a golpe de deslizar el dedo por la pantalla, tratar de encontrar el amor, un poco de sexo, alguna cita o incluso una vía para intentar superar la soledad. Una de las primeras preguntas que suelen hacerse cuando se ha conseguido un *match* es: ¿en qué barrio vives? Es que hay que calcular si el viaje será largo o costoso, y cambiarán las posibilidades de concretar un encuentro si uno tiene una vivienda en condiciones o no.

Más en general, sería equivocado atribuirle a la tecnología, internet, *apps,* redes sociales, un carácter negativo o positivo en sí mismo (artificio neoliberal o reino de la libertad digital), sin tomar en cuenta los usos contradictorios que pueden tener, en el marco de un sistema capitalista donde también existen espacios para la resistencia. Por ejemplo, las redes sociales se han transformado en canales para el acoso mediante prácticas como el *cyberbullying* o lo que se ha llamado *sexting*, la difusión de fotos o videos de contenido sexual por medios digitales sin el consentimiento de la persona afectada. Pero también permiten generar grupos de afinidad, compartir información, denunciar injusticias o promover movilizaciones. Otra cosa, hay que decirlo, es la tendencia al «activista del Twitter», quien considera que sólo militando en las redes se puede transformar el mundo, sin huelgas ni manifestaciones, pero esa es una categoría aparte.

Volviendo sobre la cuestión de la sexualidad y la tecnología, sin duda estas aplicaciones reproducen modelos de relaciones capitalistas y patriarcales, pero también son espacios donde mucha gente busca el deseo, en una sociedad que, a la vez que hipersexualiza todo, restringe la posibilidad de una sexualidad libre para millones de personas.

Una amiga que utiliza algunas de estas *apps* nos decía hace poco: «Estoy siendo víctima de la precariedad, quiero quedar con alguien, pero no encuentro el momento».

En los años setenta, el militante de la Liga Comunista Revolucionaria (LCR) de Francia Jean Nicolas publicó *La cuestión homosexual*. Allí destacaba un aspecto importante de la relación entre represión sexual y capitalismo:

> Una de las condiciones previas para una auténtica liberación sexual pasa por el derrocamiento de las relaciones de producción capitalistas y por una masiva reducción del tiempo de trabajo. En efecto, hay que subrayar que uno de los fundamentos más poderosos de la miseria sexual en el régimen capitalista proviene del sometimiento del cuerpo de los trabajadores a un trabajo prolongado y penoso[12].

El neoliberalismo progresista promete libertades sexuales y utiliza las banderas de la «igualdad» y la «diversidad» como argumento para implementar políticas neocoloniales y racistas, al mismo tiempo que condena a la mayoría de las personas a la precariedad y la pobreza. Las Iglesias y las corrientes conservadoras «antigénero» y homófobas presionan para el retorno de los valores tradicionales y el fortalecimiento de la familia heteropatriarcal. La lucha por una sexualidad más libre y el derecho a la diversidad sexual no es algo secundario, ni ajeno a la lucha de la clase trabajadora, de las mujeres y la juventud, sino parte de un mismo combate por una sociedad emancipada. Transformar la forma en que nos relacionamos, cuestionar las estructuras del machismo y la monogamia normativa y conquistar mayor libertad sexual deberían ser objetivos no sólo del movimiento de mujeres, sino del conjunto de la sociedad.

---

[12] A. Rivera, «Deseo, represión, revolución: Jean Nicolas y "la cuestión homosexual"», *La Izquierda Diario*, 23 de junio de 2017 [https://www.izquierdadiario.es/Deseo-represion-revolucion-Jean-Nicolas-y-la-cuestion-homosexual?id_rubrique=2653].

IX
¿QUÉ ES LA INTERSECCIONALIDAD?

Neris es mujer, trabajadora, inmigrante y negra. Más allá de los debates teóricos que se pueda tener, cada uno de estos aspectos de su múltiple opresión y explotación es parte inseparable de su vida. «A veces yo digo: sufro como negra, sufro como persona inmigrante y aparte de eso me mata el sistema con toda la precariedad que tengo. Pero, ante eso, lo que hago es organizarme, reunir a las personas para crear conciencia de que tenemos que luchar por nuestros derechos y sumar fuerzas»[1].

En su libro *El feminismo es para todo el mundo*, la feminista negra bell hooks señala que las visiones utópicas de la sororidad, que consideran que todas las mujeres se «hermanan» bajo la dominación masculina, fueron cuestionadas por los debates sobre clase y racismo. Por eso, afirmaba que «sólo podríamos llegar a ser hermanas en la lucha si nos enfrentábamos a las formas en que las mujeres –mediante la clase, la raza o la orientación sexual– dominaban y explotaban a otras mujeres». No puede haber sororidad mientras algunas mujeres utilizan su poder de clase o el racismo para explotar y dominar a otras.

Cuando hoy se habla de la relación entre diferentes formas de opresión y explotación, suele aparecer la palabra *interseccionalidad*. Esta se ha transformado en un término de moda en muchos espacios, casi un comodín en ámbitos académicos, entre el activismo feminista y los movimientos sociales. Clase, raza y género son la «santísima Trinidad de nuestra época», como señaló en su momento Terry Eagleton[2]. Pero ¿qué es la interseccionalidad? ¿Se refiere a la subjetividad individual o analiza sis-

---
[1] Entrevista con Neris Medina, julio de 2019.
[2] T. Eagleton, *Against the Grain, Essays 1975-1985,* Londres, Verso, 1986.

temas de dominación? ¿Qué dice sobre las causas de las opresiones y –más importante– sobre las vías para la emancipación[3]?

INTERSECCIONALIDAD Y FEMINISMOS NEGROS

Aunque ya existían profundas reflexiones sobre la relación entre género, raza y clase en los debates del feminismo y la izquierda desde mucho antes, el concepto de interseccionalidad como tal apareció definido por primera vez en un artículo publicado en 1989 por la feminista negra Kimberlé Crenshaw[4]. Su antecedente más importante, sin embargo, se encuentra en las elaboraciones de las feministas negras de los años setenta como el Combahee River Colective (CRC)[Colectivo del Río Combahee], quienes plantearon una crítica «interseccional» a los movimientos de liberación, en el marco de la Segunda Ola Feminista y la radicalización política del periodo.

En 1977 se publicó el manifiesto de este colectivo. Su nombre era un homenaje a la valiente acción militar que lideró la exesclava y abolicionista Harriet Tubman en 1863, logrando liberar a 750 esclavos entre los cañonazos enemigos durante la Guerra Civil norteamericana. Las feministas negras se reconocían como parte de esa tradición de lucha de las mujeres del movimiento negro desde el siglo XIX.

Angela Davis[5] analizó la historia del movimiento abolicionista contra la esclavitud en Estados Unidos y señaló que, hacia la década de 1830, la lucha de las sufragistas tendía a confluir con el movimiento por la abolición de la esclavitud. En cambio, más cerca de la Guerra Civil, estos movimientos se escindieron. So-

---

[3] J. L. Martínez, «Feminismo, interseccionalidad y marxismo: debates sobre género, raza y clase», *Revista Contrapunto* [https://www.izquierdadiario.es/Feminismo-interseccionalidad-y-marxismo-debates-sobre-genero-raza-y-clase-124548].

[4] K. Crenshaw, «Demarginalizing the Intersection of Race and Sex: A Black Feminist Critique of Antidiscrimination Doctrine, Feminist Theory and Antiracist Politics», The University of Chicago, Legal Forum, vol. 1989, Issue 1.

[5] A. Davis, *Mujeres, raza y clase,* Madrid, Akal, 2005.

journer Truth era una activista abolicionista y por los derechos de las mujeres, una exesclava que había escapado junto con su hija. En 1851 hizo un discurso en la conferencia sufragista de Ohio que pasó a la historia. Cuando un hombre planteó que las mujeres no podían votar porque eran el «sexo débil», ella respondió:

> ¡Yo he arado, he sembrado y he cosechado en los graneros sin que ningún hombre pudiera ganarme! ¿Y acaso no soy una mujer? Podía trabajar como un hombre y comer tanto como él cuando tenía la comida, ¡y también soportar el látigo! ¿Y acaso no soy una mujer? He dado a luz a 13 niños y he visto vender a la mayoría de ellos a la esclavitud... ¿Y acaso no soy una mujer?

Su respuesta era una impugnación al relato patriarcal que construía la feminidad considerando a las mujeres como seres débiles, «naturalmente» inferiores e incapaces de ejercer la ciudadanía política. Pero también cuestionaba a muchas sufragistas blancas que optaban por dejar de lado las reivindicaciones de las mujeres negras y de las trabajadoras.

A mediados de los años setenta del siglo XX, varias activistas negras decidieron recuperar aquella historia y constituirse en grupos militantes, después de haber pasado una mala experiencia en el movimiento feminista blanco y en organizaciones por la liberación del pueblo negro.

Con la publicación del manifiesto del CRC, las feministas negras establecían como punto de partida la experiencia compartida de una simultaneidad de opresiones, la trilogía de clase, raza y género, a la que se agregaba también la opresión sexual, porque eran lesbianas. Desde esa posición apuntaban una crítica contra el movimiento feminista hegemonizado por las feministas radicales, quienes otorgaban absoluta prioridad a un sistema de dominación –el patriarcado– sobre todos los demás. Al cuestionar la preeminencia de la opresión de género sobre las de raza y clase, las feministas negras polemizaban también con las tendencias abiertamente separatistas o de «guerra de sexos».

Y sostenían que todo tipo de determinación biologicista de la identidad podía llevar a posiciones reaccionarias. En el manifiesto, la lucha por la emancipación de las mujeres negras y del pueblo negro era inseparable de la lucha contra el sistema capitalista. Por eso se adherían explícitamente a la lucha por el socialismo:

> Reconocemos que la liberación de toda la gente oprimida requiere la destrucción de los sistemas político y económico del capitalismo y del imperialismo tanto como el del patriarcado, somos socialistas porque creemos que el trabajo se tiene que organizar para el beneficio colectivo de los que hacen el trabajo y crean los productos [...] No estamos convencidas, sin embargo, que una revolución socialista que no sea también una revolución feminista y antirracista nos garantizará nuestra liberación.

La abogada Kimberle Crenshaw definió por primera vez el concepto de interseccionalidad en 1989. Se trataba ya de otro momento histórico. En su primer artículo sobre este tema, señalaba que tratar por separado las discriminaciones de raza y género, como si fueran categorías mutuamente excluyentes, tenía consecuencias problemáticas. Por eso proponía tomar en cuenta la multidimensionalidad de la experiencia de las mujeres negras, y argumentaba que toda conceptualización basada en un solo vector de la discriminación (sea la raza, el género, la sexualidad o la clase) borraba lo específico de la situación de esas mujeres, limitando el análisis a las experiencias de miembros privilegiados de cada grupo.

Crenshaw examinó cómo habían sido rechazadas desde el poder judicial varias querellas iniciadas por mujeres negras. Uno de los casos era De Graffenreid contra General Motors. Cinco mujeres habían demandado a la multinacional alegando discriminación laboral, ya que no conseguían ser promovidas a mejores categorías laborales. El juzgado denegó la demanda, alegando que no se podía establecer la existencia de una discriminación por ser «mujeres negras», que no constituían un grupo especial objeto de una discriminación particular. Aceptaba investigar si se había producido segregación racial o de género, pero no una combinación de ambas. Finalmente, el juzgado determinó que como la empresa había contratado a mujeres –eran mujeres blancas– no había discriminación de género. Y como había contratado a personas negras –eran hombres negros– no existía discriminación de raza. La demanda de las mujeres negras no tuvo éxito.

Para Crenshaw, el objetivo de la interseccionalidad era reconocer que las mujeres negras podían experimentar una discriminación específica con formas complejas. Posteriormente, la socióloga norteamericana y feminista negra Patricia Hill Collins definió la existencia de un conjunto de prácticas sociales dentro de una matriz única de dominación caracterizada por opresiones interseccionales[6].

Al mismo tiempo, la publicación del libro *This Bridge Called My Back: Writings by Radical Women of Color* en 1981 (en castellano se publicó con el nombre: *Esta puente, mi espalda* en 1988[7]) abrió paso a una narrativa de mujeres chicanas, latinas, asiáticas, nativas americanas e indígenas, mujeres del «Tercer Mundo» que alzaban su propia voz.

El concepto de interseccionalidad fue desarrollado a partir de entonces por intelectuales de diferentes procedencias, y cobró peso en el marco de la expansión de los estudios de género en las universidades. La interseccionalidad se transformó en una palabra habitual en congresos y simposios, se crearon departamentos de investigación y distintas ONG para desarrollar estudios interseccionales en el ámbito de la economía, el derecho, la sociología, la cultura y las políticas públicas. A la trilogía de género, raza y clase se agregaron otros vectores de opresión como la sexualidad, la nacionalidad, la edad o la diversidad funcional. Si bien los estudios de interseccionalidad permitieron una gran visibilidad para la situación de opresión de múltiples

---

[6] P. Hill Collins, «Rasgos distintivos del pensamiento feminista negro», en Mercedes Jabardo (ed.), *Feminismo negro. Una antología,* Madrid, Traficantes de Sueños, 2012.

[7] C. Moraga y A. Castillo, «Esta puente, mi espalda», San Francisco, Cal., Ism Press, 1988.

grupos, paradójicamente, se desarrollaron en un clima de resignación ante las estructuras sociales capitalistas, que ahora eran percibidas como algo dado, imposible de cuestionar.

HACIA UNA RETIRADA DE LA POLÍTICA DE CLASE

El auge de los estudios de la interseccionalidad coincide con la apertura de la etapa neoliberal, que transformó completamente el clima intelectual y político. En este contexto, se abandona la radicalidad de las feministas del CRC, para formular, en la mayoría de los casos, la interseccionalidad bajo el prisma de las políticas de las identidades o la posmodernidad. Aunque la matriz teórica de la interseccionalidad es diferente que aquella de las teorías posfeministas (estas son críticas con el propio concepto de identidad), comparten algo en común. Ocurre un desplazamiento de lo colectivo a lo individual y de lo material a lo subjetivo. Bajo este parámetro, la llegada de una persona negra o una mujer a posiciones de poder es vista como un avance, más allá de las posiciones que defienda. Finalmente, se vuelve un sentido común entre los activistas la idea de que lo más importante es que cada uno «revise sus privilegios», como si las opresiones pudieran revertirse por un ejercicio de autoconciencia individual. En el marco del «giro cultural» posmoderno, las identidades se presentan construidas en gran parte desde el discurso, por lo que las posibilidades de resistir se concentran en el ejercicio de un contrarrelato o en la exigencia de políticas de inclusión por parte del Estado.

Por otro lado, la multiplicación de una serie cada vez más extensa de identidades oprimidas, sin considerar la posibilidad de transformar radicalmente las relaciones sociales capitalistas sobre las cuales esas opresiones se establecen, dio lugar a prácticas de «guetificación» y separación entre el activismo. Como contracara de esa impotencia, el sistema capitalista se apropió del estallido de la «diversidad» como un mercado de identidades donde podía asimilarlas, siempre y cuando estas no impugnaran el sistema social en su conjunto.

Uno de los elementos característicos de las teorías de la interseccionalidad es el supuesto de que para teorizar esas conexiones hay que defender la hipótesis de la equivalencia entre opresiones[8], pero esto tiende a borrar lo específico de las relaciones de clase. Una vez derrotada la oleada de radicalización política del 68, la primacía que consiguieron las cuestiones de la raza, el género y la sexualidad creció al mismo tiempo que se invisibilizaba la condición de clase (a tal punto que algunos llegaron a hablar de su desaparición). En la trilogía de clase/raza/género, la clase tendió muchas veces a quedar diluida, o convertida en una identidad más, como si se tratara de una categoría de la estratificación social (por ingresos) o un tipo de ocupación laboral. En este sentido, es paradójico que, justo en el momento en que las relaciones capitalistas más se extendieron al conjunto del planeta, se quitara importancia a la cuestión de clase.

Volver a situar la centralidad de la clase no implica hacer una jerarquía de sufrimientos, ni establecer que una opresión es más importante que otra para la experiencia subjetiva de las personas. De lo que se trata es de buscar una comprensión mayor de la relación entre opresiones y explotación como parte de una totalidad, el sistema capitalista.

Un ejemplo puede servir para hacer más concreta esta idea. Mientras los banqueros y capitalistas más poderosos del mundo están dispuestos a aceptar el ingreso de mujeres como Ana Botín en sus consejos de administración, no aceptarían nunca (salvo que la lucha de clases se lo impusiera) que las delegadas de las trabajadoras tuvieran el mismo poder de decisión sobre los permisos por maternidad o el destino de los préstamos. Esta es una cuestión de clase. O pongámoslo de otra manera: mientras el capitalismo tiene una gran habilidad para utilizar a su favor una retórica feminista liberal, difícilmente veremos a un banquero –o a una banquera– proponiendo la expropiación de la banca para dar respuesta a la necesidad de vivienda de miles de mujeres. La explicación es sencilla, la cuestión de clase sigue

---

[8] M. E. Giménez, *Marx, Women, and Capitalist Social Reproduction*, Historical Materialism Book Series, vol. 169, Leiden-Londres, Brill, 2019.

desempeñando un papel ineludible para delimitar campos irreconciliables en nuestra sociedad y por eso es imprescindible recuperar un feminismo de clase. Esto no significa –es importante aclararlo– que el sistema no pueda captar a representantes de la clase trabajadora para sus propios intereses, como ha hecho con las burocracias obreras. Algo que plantea la necesidad de recuperar los instrumentos de organización de clase, como los sindicatos y otros organismos, para una política anticapitalista.

A su vez, sería un grave error concluir de esto que las opresiones son algo «secundario» para el funcionamiento del capitalismo. Históricamente, la burguesía ha intentado camuflarse detrás de una ideología igualitaria del «libre contrato». Y aunque para el neoliberalismo progresista sea políticamente correcto hablar del respeto a las identidades raciales y sexuales o a la igualdad de género, el capitalismo utiliza todo tipo de mecanismos racistas y patriarcales para fijar «diferencias» que se atribuyen a condicionantes biológicos o «naturales». Así intenta justificar la abismal desigualdad en la distribución de recursos, la marginación de millones de personas sin derechos, el mantenimiento de una determinada división del trabajo y el seguir beneficiándose del trabajo de reproducción que hacen las mujeres en los hogares.

Desde una perspectiva emancipatoria, ninguna diferencia en el color de la piel, el lugar de nacimiento, el sexo biológico o la elección sexual deberían ser la base de una opresión, un agravio o una desigualdad; al mismo tiempo que se debería reconocer la diversidad y promover el potencial creativo de todos los individuos, en el marco de una nueva cooperación social. Pero en el caso de la diferencia de clase, se trata de eliminarla como tal, que no exista más. La clase trabajadora, mediante la lucha contra las relaciones sociales capitalistas, busca la eliminación de la propiedad privada de los medios de producción, lo que implica la supresión de la burguesía como clase y la posibilidad de terminar con toda sociedad de clases.

La diferencia social entre los dueños de los medios de producción y aquellos que se ven obligados a vender su fuerza de trabajo a cambio de un salario está en el centro de la sociedad capitalista, más allá de todos los intentos por invisibilizar esta contradicción. Las relaciones patriarcales –que surgieron miles de años antes del capitalismo– y el racismo no son entidades ahistóricas, sino que han adquirido nuevas formas en el marco específico de estas relaciones sociales. Las múltiples manifestaciones de la opresión de género y los dolorosos agravios que implican para millones de mujeres no se «reducen» a las relaciones de clase, pero no pueden explicarse sin articularse con estas.

En los últimos años, sectores del activismo feminista o movimientos antirracistas o de la juventud vuelven a la idea de la interseccionalidad para formar coaliciones entre diversos grupos oprimidos y sumar fuerzas. El movimiento que organiza la huelga del 8M en el Estado español se ha definido como «feminista anticapitalista, antirracista, anticolonial y antifascista». Este es un importante paso hacia la confluencia de las luchas y una contratendencia a la lógica de la fragmentación. Pero la suma o intersección de movimientos de resistencia no será suficiente si no se articulan con una estrategia común para derrotar al capitalismo, sin lo cual no será posible terminar con el racismo ni con la opresión patriarcal.

Feminismo, clase y diversidad

Las políticas de la identidad, el género y su relación con la clase ha desatado fuertes polémicas en la izquierda y el activismo en varios países, delimitando campos polarizados en disputa. Por un lado, aquellos que denuncian las políticas de la diversidad como trampa; por el otro, quienes enfatizan la importancia de los movimientos sociales –feminista, LGTBI, ecologista, etc.–, pero tienden a diluir el papel de la clase obrera en la lucha contra el capitalismo. La relación entre clase e identidad, opresión y explotación, movimientos sociales y clase obrera son algunas de las coordenadas del debate[9].

---

[9] J. L. Martínez, «Clase, diversidad y estrategia socialista», *Revista Contrapunto*, junio de 2019 [https://www.izquierdadiario.es/Clase-diversidad-y-estrategia-socialista-un-debate-en-la-izquierda-norteamericana].

El libro de Daniel Bernabé, *La trampa de la diversidad*, ha sido quizá uno de los ensayos políticos más discutidos en los últimos tiempos en la izquierda española. Una de sus tesis principales es que las políticas de la identidad han desplazado el eje de lo colectivo hacia lo individual, de lo material a lo simbólico y de la clase hacia las identidades, algo que el neoliberalismo favorece para fragmentar a la clase obrera. En Estados Unidos, la publicación de *Mistaken Identity (Identidad equivocada)* de Asad Haider también provocó ciertos debates con elementos similares. En ese caso, el autor afirma que las políticas de la identidad actúan fragmentando al activismo porque han neutralizado los elementos más radicales de los movimientos sociales previos, como el movimiento antirracista o el movimiento de mujeres. Las políticas identitarias serían la ideología que surgió para apropiarse de aquel legado emancipatorio, para quitarle filo y poner algunas de sus ideas al servicio del avance de los grupos dominantes. Partiendo de esa premisa, Haider propone recuperar una radicalidad anticapitalista, combinando la política de los movimientos sociales con una política de clase.

Después de varias décadas donde tan sólo hablar de la clase obrera era considerado algo prehistórico, actualmente existe un cierto retorno a esta cuestión. Lo paradójico es que muchas de estas reflexiones se inician como respuesta a fenómenos conservadores, como la votación del *brexit* en Inglaterra, la llegada de Donald Trump a la Casa Blanca o el ascenso de la extrema derecha en Europa. Desde entonces, se ha intentado explicar por qué una parte de la clase obrera y las clases medias arruinadas votaron opciones populistas de derecha o dejaron de apoyar alternativas de centroizquierda. Ligado a esto, la responsabilidad que han tenido las políticas neoliberales de la socialdemocracia y la moderación de las izquierdas eurocomunistas se ha puesto en cuestión. Pero algunos sostienen que para disputar la base electoral a la derecha hay que adoptar como programa un cierto «chovinismo del bienestar». Es decir, defender medidas económicas de distribución social, en los marcos nacionales, y para «nuestros obreros, primero», mientras la lucha contra el racismo, la homofobia o la opresión de las mujeres deberían ser dejadas en segundo plano.

Con este trasfondo político, hay intelectuales que, frente al particularismo de las políticas de la identidad, defienden un nuevo «universalismo de clase». Pero muchas veces se entiende esto en un sentido limitado y reduccionista, restringido a la lucha por medidas económicas como sanidad universal o salario mínimo –cuestiones que, sin duda, son necesarias, pero insuficientes para dar pasos hacia una verdadera emancipación–. Además, este supuesto universalismo puede suponer una peligrosa adaptación a sectores de la clase obrera blanca y sus prejuicios. En un momento en que aumentan los ataques reaccionarios de la extrema derecha hacia las mujeres y las personas migrantes y racializadas, una perspectiva de liberación universal y de clase implica luchar para que ningún grupo particular siga siendo oprimido.

No se trata de oponer la lucha feminista a la lucha de la clase trabajadora. Se trata de reconocer que la clase trabajadora es más diversa, racializada y feminizada que nunca.

X

SIN LAS TRABAJADORAS, NO HAY REVOLUCIÓN

«Ana Botín no es feminista», cantaban las integrantes de un piquete de mujeres el 8M de 2019 frente al Banco Santander, que cerró las puertas de su sede en el centro de Madrid para impedir el ingreso de las manifestantes. Las acciones de la huelga de mujeres habían comenzado ese mismo día desde muy temprano, primero en tiendas como Starbucks y McDonald's. Desde la calle, las representantes sindicales y las trabajadoras manifestaron su repudio y denunciaron que, como comité de huelga constituido legalmente, tenían derecho a ingresar a las oficinas para informar a la plantilla de la huelga. Una rotunda respuesta al «feminismo» de Ana Botín y sus propuestas de «medidas proactivas» para alcanzar la igualdad entre hombres y mujeres en las empresas. Las trabajadoras, alentadas por el movimiento de mujeres y la energía de la juventud, se encuentran, una vez más, en barricadas diferentes que las capitalistas.

Además de luchar por nuestras condiciones laborales, también somos feministas. Yo soy la mujer de mi vida, yo soy quien decido y doy ese paso adelante, no sólo por la lucha laboral sino por la lucha de tantas mujeres calladas durante muchos años, de nuestras madres, de nuestras abuelas, de nuestras hijas. Porque hay un largo camino, aquí estamos Las Kellys en todos los sentidos, Las Kellys en la calle, Las Kellys enfrente del hotel, Las Kellys por nuestros derechos, Las Kellys en nuestras casas, Las Kellys por las mujeres[1].

---

[1] Documental *Hotel Explotación: Las Kellys* (España). Directora: Georgina Cisquella. Productora: Filmin. Estrenado en 2018 [https://www.filmin.es/pelicula/hotel-explotacion-las-kellys].

Imposible invisibilizarlas cuando estas experiencias se hicieron presentes en las manifestaciones del 8 de marzo con importantes cortejos de trabajadoras, con sus compañeros, amigos, amigas y familiares, proporcionando una nueva fuerza a las acciones contra la violencia machista, contra la precariedad y por el derecho a disfrutar de la vida. El feminismo de Las Kellys, como ellas dicen, habla «por tantas mujeres calladas», habla, entre muchas otras, por las 200.000 mujeres que trabajan como camareras de piso en todo el Estado español. Están presentes contra los bancos usureros que roban viviendas de alquiler, y si la juventud precaria se moviliza, ellas están allí, sin miedo. Participan en la comisión de migrantes del 8M, tejen redes de solidaridad entre trabajadoras y trabajadores, forman sindicatos, crean puentes con las jóvenes estudiantes que se organizan en institutos y universidades y con el movimiento de mujeres.

Ellas son mujeres trabajadoras, casi la mitad de la clase obrera; sin esa fuerza colosal, el mundo se paralizaría. Decíamos antes que el incremento de la feminización del trabajo vino acompañado de una mayor precariedad laboral, inscrita en las transformaciones estructurales del capitalismo que, mientras acentuó la atomización de la clase explotada durante la ofensiva neoliberal, también cambió su fisonomía. Si la clase asalariada, lejos de desaparecer, creció de manera exponencial a nivel mundial es porque actualmente también la componen 1.300 millones de mujeres[2]. De este modo los nuevos contornos de la estructura laboral femenina, representada en los trabajos más desvalorizados, a la vez que perpetúan una doble carga como trabajadoras y en los hogares, definen también nuevas estrategias de resistencia.

En el Tercer Congreso de la Internacional Comunista, un mes después de la Segunda Conferencia Mundial de Mujeres Comunistas celebrada en Moscú del 9 al 14 de junio de 1921, León Trotsky analizaba las diferentes capas de la clase obrera, sus ritmos y desarrollo histórico para concluir:

---

[2] Porcentaje total de la fuerza de trabajo asalariado femenino, datos del Banco Mundial [https://data.worldbank.org/], consultado en julio de 2019.

En el avance del movimiento obrero mundial, las mujeres proletarias desempeñan un rol colosal. Lo digo, no porque me esté dirigiendo a una conferencia femenina, sino porque bastan los números para demostrar qué papel importante ejercen las obreras en el mecanismo del mundo capitalista: en Francia, en Alemania, en los Estados Unidos, en Japón, en cada país capitalista.[3]

Y destacaba que «allí las mujeres proletarias están destinadas a ejercer un papel fundamental y a ocupar el lugar decisivo». Ya hemos visto que, a lo largo del siglo XX, las mujeres trabajadoras desempeñaron efectivamente un papel destacado en la lucha de clases y en los procesos revolucionarios.

¿Cómo podríamos actualizar esta hipótesis, ante un movimiento de mujeres que viene protagonizando masivas manifestaciones en todo el mundo? Un movimiento en el que la «huelga de mujeres» es parte de su nuevo lenguaje, tal como sucede en España, Argentina o Suiza. Y en el mismo sentido, nos preguntamos: ¿es posible apostar porque las mujeres trabajadoras puedan cumplir un rol de vanguardia en la lucha de clases, romper con el conservadurismo del movimiento obrero actual (atado de pies y manos por las direcciones sindicales burocráticas) y en ese camino aportar para revolucionar y recuperar los sindicatos o crear nuevas organizaciones de base? ¿Acaso las mujeres trabajadoras no han logrado imponer en el Estado español a los sindicatos mayoritarios la convocatoria de una huelga de 2 horas efectiva –y de 24 horas en algunos sectores– el pasado 8M en común con las jóvenes estudiantes que paralizaron los centros de estudio?

Tres premisas nos permiten apostar por ello. En primer lugar, la existencia de una movilización creciente del movimiento de mujeres por sus derechos y contra la violencia machista en varios países, que actúa como canal de expresión del descontento que se vive en las sociedades capitalistas, con un impor-

---

[3] León Trotsky, Tercer Congreso de la Internacional Comunista, 15 de julio de 1921, Ed. Grupo Germinal [https://www.marxists.org/espanol/trotsky/eis/1921-discurso-mujeres-com.pdf].

tante protagonismo de la juventud. Esta nueva emergencia viene alentando a las mujeres trabajadoras, y aunque para ellas es mucho más dificultoso participar en la vida sindical y política por la doble jornada laboral, comienzan a ganar confianza en sí mismas. Ya lo hemos visto con las huelgas de las trabajadoras que limpian los hoteles en Francia, Estados Unidos o el Estado español, las luchas de las enfermeras y maestras en Estados Unidos o las trabajadoras españolas y argentinas en luchas fabriles. Movilizadas por demandas contra la explotación y la precariedad, se unen al movimiento feminista por los derechos de todas las mujeres y contra la violencia machista.

En segundo lugar, el hecho de que la reconfiguración de la clase asalariada femenina viene acompañada de una precariedad laboral extrema, transforma a las mujeres, junto con la juventud y los sectores migrantes, en los sectores más oprimidos y explotados de la clase. Una situación que puede llevar –ya lo estamos viendo– a nuevas formas de lucha y organización.

Por último, la tradición de lucha y organización de la clase trabajadora femenina en todo el mundo nos conduce a pensar que ese camino puede volver a recorrerse, frente a las múltiples crisis del capitalismo actual, con una clase trabajadora femenina que tiene ahora mayor peso que en aquellas épocas. Todo ello está abriendo nuevos debates en el movimiento feminista, sobre los sujetos de emancipación, la relación entre movimientos sociales, sindicales y el movimiento feminista, o entre género y clase.

Huelga de mujeres y huelga general

¡A la huelga, compañeras! ¡No vayáis a trabajar! Deja el cazo y la herramienta, ¡a la huelga diez! ¡A la huelga cien! ¡A la huelga madre ven tú también! ¡A la huelga cien! ¡A la huelga mil! Yo por ellas, madre, y ellas por mí. Contra el Estado machista nos vamos a levantar, vamos todas las mujeres a la huelga general. ¡A la huelga diez! [...] Se han llevado a mi vecina en una redada más, y por no tener papeles ay, la quieren deportar. ¡A la huelga diez! [...] Trabajamos en precario sin contrato y sanidad, el trabajo de la casa no se reparte jamás. ¡A la huelga diez! […] Privatizan la enseñanza, no la podemos pagar, pero nunca aparecimos en los temas a estudiar. ¡A la huelga diez!

Adaptación feminista de *A la huelga*

La imagen de miles de mujeres el 8 de marzo de 2018 en Bilbao, cantando la versión de un clásico de Chicho Sánchez Ferlosio del año 1963, *A la huelga,* adaptado a las mujeres, dio la vuelta al mundo. Es una hermosa postal que muestra al movimiento feminista y, en especial, a la juventud creando puentes con sectores de trabajadoras asalariadas. Y mientras en sus manifiestos tiene importancia la lucha contra la violencia machista, se suman demandas sociales contra el racismo y empiezan a tener voz las migradas y refugiadas por la eliminación de los Centros de Internamiento para Extranjeros. También destacan las luchas de las trabajadoras contra la precariedad y la explotación laboral, para frenar los desahucios o contra la privatización de la sanidad y educación pública.

De todo esto habla la nueva versión de *A la huelga,* hoy entonada en castellano, catalán, gallego o vasco y convertida en el himno de una huelga que no ha sido sólo simbólica, como pretendían los grandes medios de comunicación. Los dirigentes de los sindicatos mayoritarios, que habían convocado inicialmente sólo 2 horas, tuvieron que dar cuenta de un seguimiento por encima del 70 por 100 en algunas de las grandes ciudades. Y en aquellos sectores que convocaron paros de 24 horas –gracias a la pelea de numerosas mujeres que así lo exigieron dentro de sus sindicatos–, la cifra ha sido superior al 70 por 100, especialmente en educación y sanidad. Más de medio millón de mujeres trabajadoras, inmigrantes, jóvenes y estudiantes –muchas de las cuales no tienen derecho a voz ni voto en los sindicatos burocratizados– han salido a primera hora de la mañana a las calles, con caceroladas durante la madrugada y numerosos piquetes en todo el Estado. Las estudiantes también paralizaron los institutos y las universidades tras semanas de asambleas en las facultades de cada ciudad. Miles de jóvenes llenaron los pasillos de asambleas para vaciar las aulas con sus reivindicaciones propias: acabar con la violencia machista, el acoso callejero, contra la injerencia de las empresas en las universidades, por una educación sexoafectiva, pública, laica y totalmente gratuita. Desde primera hora llenaban las calles con sus rostros pintados de colores, sus pancartas improvisadas y gritos espontáneos, aportando una enorme afluencia y energía a las manifestaciones.

Inspiradas en la huelga de mujeres del 8M en Argentina y el Estado español, las mujeres de Alemania también hicieron un llamado a la huelga, que se convirtió en una importante movilización de varias decenas de miles de personas en Berlín, por primera vez en muchos años. En el corazón del imperio gobernado por una mujer, el aborto sigue siendo ilegal, aunque está despenalizada su práctica durante las 12 primeras semanas de gestación. Además, se conserva una ley nazi de 1933 que penaliza al personal médico y de ginecología con multas por ofrecer información pública sobre el aborto.

«Las mujeres desobedecemos hoy y todos los días.» Con el *hashtag* #WomenDisobey y #AbolishICE, el 28 de junio de 2018 cientos de mujeres convocadas por la coalición Women's March (Marcha de las Mujeres) protagonizaron una protesta, frente a un edificio administrativo del Senado de Estados Unidos en Washington, contra las detenciones de personas inmigrantes y la separación de las familias y por la abolición de la odiada policía migratoria. Dispuestas a ser arrestadas, gritaban: «¡Hay que abolir el ICE!» (Servicio de Inmigración y Control de Aduanas), la autoridad estatal dedicada a perseguir, detener y deportar a las personas que llegaron de forma irregular a Estados Unidos. La jornada finalizó con más de 600 arrestos, entre los cuales estuvo la actriz Susan Sarandon.

El 14 de junio de 2019 Suiza fue escenario de otra huelga de mujeres —huelga laboral, de cuidados y de consumo—, para exigir igualdad salarial, derechos para las migrantes y terminar con la violencia de género. La fecha fue elegida en honor a la primera huelga de mujeres el 14 de junio de 1991, cuando más de 400.000 se movilizaron en un país con 3,5 millones de habitantes. Sus principales reivindicaciones laborales eran «sueldos iguales por un trabajo de igual valor» y la «reducción general del tiempo de trabajo, manteniendo el salario y con un salario mínimo, para compartir mejor el trabajo remunerado con el trabajo no remunerado, porque el modelo de economía capitalista desprecia a las personas y degrada los recursos naturales del planeta». Otra cuestión importante era la denuncia de «la doble discriminación de las mujeres migrantes», exigiendo «un estatuto regularizado y una legislación que protejan a aquellas entre nosotras que vienen de otros países, a menudo para ocuparse de los niños, de las personas enfermas y ancianas».

En Argentina, la huelga de mujeres nació con el impulso del movimiento Ni Una Menos. La demanda del aborto legal logró congregar el malestar y la rebeldía de nuevas generaciones de «pibas» y «pibes», quienes desde los institutos comenzaron a movilizarse. El movimiento de mujeres también impactó a miles de trabajadoras, maestras, empleadas estatales y trabajadoras fabriles que se han ido sumando a una marea verde realmente masiva, con redes y asambleas en lugares de trabajo y de estudio en todo el país.

Los debates sobre la huelga de mujeres a nivel mundial están cruzados por diferentes posiciones en el movimiento feminista. ¿Qué implica resignificar la huelga? ¿Hay que apostar por huelgas sólo de las mujeres, o por una huelga general con las mujeres como protagonistas? En los encuentros de mujeres o asambleas, algunas compañeras decían: «Las huelgas laborales clásicas ya no nos sirven», «las huelgas laborales invisibilizan las tareas de cuidados que sólo hacemos las mujeres» o «los sindicatos no sirven». Otras tendían en cambio a enfocarse sólo en la huelga laboral, sin cuestionar que los sindicatos muchas veces dejan fuera o minimizan las reivindicaciones de las mujeres.

Desde una tercera posición, muchas sostuvimos que para que una huelga de mujeres sea general es importante que visibilice explícitamente el trabajo doméstico que realizan las mujeres, asalariadas o no. Al mismo tiempo, afirmamos que la huelga laboral encabezada por las mujeres representa y visibiliza a la gran mayoría de trabajadoras y permite paralizar la producción, el comercio y el transporte, golpeando al sistema en su corazón.

Un golpe que se amplifica aún más con la huelga de estudiantes, recuperando lazos entre la clase trabajadora y el movimiento estudiantil.

Aunque a veces se utiliza el término para referirse a jornadas de lucha masivas, la idea de «huelga de mujeres» recupera la tradición de la clase trabajadora para la lucha actual[4]. Esta herramienta, desplegada por las mujeres en los centros de trabajo y de estudio, en las calles y en los hogares, adquiere mucha más fuerza sumando a los hombres a la lucha por nuestras reivindicaciones. Además, como decía una trabajadora en un debate preparatorio de la huelga de 2018 en Asturias: «Si mi marido no hace huelga laboral, ¿quién se va a quedar cuidando a nuestros hijos mientras yo hago piquetes?»[5]. Tomada en este sentido, la reapropiación de la huelga por parte del movimiento feminista puede fortalecer a las trabajadoras en su enfrentamiento con la patronal, e incluso con las direcciones sindicales de mayoría masculina que dejan de lado sus reivindicaciones, a la vez que ayuda a forjar alianzas con el resto de los movimientos sociales.

¿Clase sin género o género sin clase?

En los debates actuales aparece una y otra vez esta pregunta: ¿Cuál es el sujeto del feminismo? El sentido común indica a primera vista que la respuesta sería «todas las mujeres». Pero, como ya hemos señalado, no existe un solo feminismo, sino diversas corrientes que responden de modo muy diferente a esta cuestión. En el marco de la Segunda Ola de los años sesenta y setenta, feministas de la igualdad, feministas radicales, feministas materialistas, feministas socialistas, feministas negras y del

---

[4] C. L. Burgueño, «Mujeres laboriosas, mujeres peligrosas: las trabajadoras en la lucha de clases», *Revista Contrapunto,* 19 de mayo de 2019 [https://www.izquierdadiario.es/Mujeres-laboriosas-mujeres-peligrosas-las-trabajadoras-en-la-lucha-de-clases].

[5] C. L. Burgueño, «Huelga(s) de mujeres, feminista y general», *La Izquierda Diario,* 25 de enero de 2019 [https://www.izquierdadiario.es/Huelga-s-de-mujeres-feminista-y-general?id_rubrique=2653].

«Tercer Mundo» disputaron sobre el sentido del feminismo, los sujetos de transformación, las alianzas, formas de organización, raíces de la opresión y, sobre todo, acerca de las vías estratégicas para la emancipación. Hoy, muchas de aquellas tendencias se actualizan y toman nuevas formas. El feminismo radical cuestionó a las feministas liberales porque estas se limitaban a buscar la ampliación de derechos y el ingreso de las mujeres al mundo laboral, sin impugnar los valores androcéntricos de la sociedad, moldeada por las jerarquías masculinas. El feminismo radical situó la sexualidad como el principal vector de la opresión de las mujeres, la «contradicción principal» desde la cual interpretar el mundo. Poniendo el foco allí, visibilizaron cuestiones que habían permanecido ocultas durante mucho tiempo en el espacio privado de los dormitorios. También apuntaron contra los valores y las prácticas patriarcales en el arte, la ciencia, la medicina, los medios de comunicación o el deporte.

Hoy muchas jóvenes se identifican como «radfem» en redes sociales, pero esto no significa que todas se adhieran a las bases teóricas de aquella corriente. En 1970, Shulamith Firestone publicó *La dialéctica del sexo*[6]. Allí planteaba que la desigualdad sexual tenía bases biológicas en el aparato reproductor femenino, a partir de lo cual la familia estructura un sistema de relaciones de poder. Firestone explicaba que este proceso se desarrolla en el plano psicológico y cultural. A continuación, definía el feminismo radical como la teoría que buscaba la «causa última y la gran fuerza motriz de todos los acontecimientos en la dialéctica del sexo: en la división de la sociedad en dos clases biológicas diferenciadas con fines reproductivos y en los conflictos de dichas clases entre sí».

Al igual que otras feministas radicales, Firestone hacía uso de cierta terminología marxista, pero cambiaba su sentido por completo. Para ella, mujeres y hombres serían clases sexuales enfrentadas. Una de sus principales tesis es la idea de que el feminismo radical permite ampliar el materialismo histórico, reconstruyén-

---

[6] S. Firestone, *La dialéctica del sexo*, Barcelona, Kairós, 1976.

dolo sobre la nueva dialéctica del sexo. En realidad, toma como punto de partida una versión economicista del materialismo histórico, a la que invierte, poniendo el centro de gravedad en la cuestión de la sexualidad. El patriarcado se deshistoriza, transformándose en algo invariable a lo largo de la historia. Y, al borrar o disminuir la importancia de la base material y económica de las relaciones sociales, se deriva hacia una concepción idealista, donde la posibilidad de cambios se limita a fenómenos culturales. La apuesta de Firestone era que, en el futuro, el desarrollo científico y tecnológico de nuevos métodos anticonceptivos y de fecundación *in vitro* pudiera liberar a las mujeres de las determinaciones biológicas de la maternidad. Mientras tanto, la revolución feminista sería sobre todo cultural. Desde el feminismo radical también se cuestionaba a las mujeres que militaban en organizaciones de izquierda y en otros movimientos mixtos. De este modo establecía una política separatista que rechazaba la «doble militancia» de las mujeres en organizaciones como partidos de izquierda, movimientos antirracistas o antiimperialistas, etcétera.

Las críticas de las feministas radicales hacia la izquierda eran una reacción por completo unilateral, pero se apoyaban en el machismo y la homofobia que existían en muchas de esas organizaciones, en particular en los partidos comunistas tradicionales y en la llamada «nueva izquierda». Cinzia Arruzza repasa algunas de las posiciones misóginas de los partidos comunistas europeos en la segunda posguerra para explicar los «divorcios» entre marxismo y feminismo cuando comienza la Segunda Ola Feminista[7]. Al publicarse en 1949 el libro de Simone de Beauvoir *El segundo sexo*, un dirigente del PCF llegó a calificarlo de «inmundicia repulsiva», mientras tanto en Italia el PCI se negó a levantar un derecho tan elemental como el divorcio durante muchos años para no perturbar sus acuerdos con la Democracia Cristiana.

Andrea D'Atri ya había señalado estos «desencuentros» y «malentendidos» entre feminismo y marxismo a partir de la

---

[7] C. Arruzza, *Las sin parte: matrimonios y divorcios entre feminismo y marxismo*, Madrid, Sylone, 2015.

consolidación del estalinismo en la URSS y la gran regresión de derechos que significó para las mujeres el establecimiento de un régimen de dictadura burocrática[8]. Esto es fundamental para comprender los debates del feminismo desde la Segunda Ola. Aunque algunas feministas lo hicieran explícito y otras no, la experiencia de los «socialismos reales» estaba muy presente. Firestone consideraba la Revolución rusa como un fracaso en sus intentos de superación de la familia patriarcal, provocado por lo que consideraba las «limitaciones de un análisis revolucionario cuajado de prejuicios masculinos». De ahí desprendía, en una visión cargada de escepticismo, que «todas las revoluciones socialistas habidas hasta la fecha han sido o serán fracasos absolutos por estas mismas razones».

La Revolución rusa, sin embargo, en sus primeros años permitió inmensos avances para la emancipación de las mujeres. La URSS fue el primer Estado del mundo que legalizó el aborto, estableció la igualdad de las mujeres ante la ley, despenalizó la homosexualidad y estableció medidas materiales para permitir a las mujeres liberarse de la carga del trabajo doméstico. Todas estas propuestas no se apoyaban en un «análisis revolucionario cuajado de prejuicios masculinos», tal como sostiene Firestone, sino en una concepción revolucionaria de la lucha contra la explotación y las opresiones. Sólo a partir del reflujo de la revolución internacional y la consolidación del estalinismo, que liquidó la democracia de los consejos y a miles de opositores políticos, se produjo un grave retroceso también en esta cuestión. En 1944 Stalin reafirmó los valores de la mujer maternal, premiando con la Orden de la Madre Heroína a las mujeres que tuvieran más de 10 hijos, a la vez que dificultaba el divorcio y se ilegalizaba el aborto. Estos postulados significaron una verdadera ruptura con el pensamiento revolucionario de las feministas socialistas, sobre los orígenes y funciones de la familia, así como respecto a la lucha contra la opresión que se ejerce sobre las mujeres.

---

[8] A. D'Atri, *Pan y Rosas. Pertenencia de género y antagonismo de clase en el capitalismo*, Buenos Aires, Ediciones IPS, 2013.

Un debate similar entre feminismo y movimiento obrero se produjo en las décadas de los sesenta y setenta en el Estado español, cuando nacía una nueva militancia obrera femenina bajo el franquismo y la Transición, particularmente en el interior de CCOO (Comisiones Obreras), donde el PCE era la corriente de mayor influencia. Estas organizaciones partían en general de una definición masculinizada de la clase trabajadora y consideraban que destacar la lucha contra la opresión de las mujeres podría «romper la unidad de la clase», debilitándola para su enfrentamiento contra el franquismo. Esto llevó en muchas ocasiones a que las reivindicaciones de las trabajadoras estuvieran en último orden de importancia.

La idea de que el «género divide a la clase» o de una clase sin género tuvo consecuencias negativas para las mujeres trabajadoras que empezaban a conformar una nueva militancia femenina en los sindicatos, en las huelgas o en las organizaciones de izquierda. Esta concepción llevó a subestimar la creciente feminización de la fuerza laboral y, en consecuencia, a ignorar el destacado protagonismo de las trabajadoras en los conflictos de sus fábricas o centros de trabajo, siendo pioneras en los sectores más feminizados como el textil, entre otros. Al mismo tiempo, los sindicatos tendieron a anular en la práctica las demandas de las mujeres trabajadoras, escindiéndose cada vez más del movimiento de mujeres y feminista. Como consecuencia, hacia la década de los ochenta se desarrollaron rupturas importantes entre el movimiento sindical y el movimiento feminista español.

Como explicamos antes, un sector del feminismo, influenciado por los debates de la Segunda Ola, terminó teorizando sobre la opresión de las mujeres con la tesis de que estas constituyen una clase social, bajo la idea del género como clase. En la actualidad, esta corriente se manifiesta de manera muy variada en el movimiento feminista. Un sector ha derivado hacia una crítica cultural de las instituciones relativas a la vida sexual –el matrimonio, la familia, la prostitución, la heterosexualidad, etc.–. Este tipo de posiciones sostienen la existencia de un modo de producción patriarcal, sostenido en el trabajo doméstico y a la vez diferenciado y/o con autonomía del modo de producción capitalista. Como contrapunto, el feminismo socialista ha planteado la existencia de un sistema capitalista-patriarcal donde las tareas de reproducción de la fuerza de trabajo están condicionadas por las leyes más generales del capital, aunque mantengan una relativa autonomía en el ámbito privado. Esta premisa está lejos de concepciones simplistas o economicistas que relegan a un lugar subordinado la lucha por la liberación de las mujeres. Al contrario, establece una relación necesaria entre ambos planos.

Lo que las huelgas de mujeres están dejando claro es que ya no es posible ubicar el trabajo asalariado femenino en un papel «subsidiario» o complementario a la «fuente principal de ingresos» del «jefe del hogar», ni invisibilizar sus demandas, como lo hacen las direcciones sindicales burocratizadas o como lo han hecho importantes corrientes del movimiento feminista institucionalizado, alejándose de los problemas de la mayoría de las mujeres. En síntesis, postular el antagonismo «género contra clase» es erróneo, así como la idea de que «el género divide a la clase». Estos dos conceptos se cruzan, lo que permite un análisis del protagonismo de las mujeres trabajadoras en la lucha de clases, bajo los contornos de su doble o triple opresión.

Una escuela de lucha de clases

Desde la irrupción del movimiento de mujeres, un sector aún minoritario, pero muy activo, comienza a develar que la desigualdad de género está vinculada por múltiples tentáculos con la desigualdad sostenida por el capitalismo y empieza a esbozar un cuestionamiento del Estado, sus instituciones patriarcales y sus partidos. ¿Cómo desarrollar un feminismo anticapitalista si no cuestionamos el rol de la casta de políticos que gobierna al servicio de los mercados y los grandes empresarios? ¿Cómo enfrentarse a la violencia de género si no luchamos contra las violencias ejercidas y reproducidas por instituciones como la Justicia patriarcal?

En Argentina, el movimiento de mujeres se movilizó masivamente por el derecho al aborto, logrando la aprobación parcial de la ley en la Cámara de Diputados, mientras que durante los dos mandatos de una presidenta mujer, Cristina Kirchner, ni siquiera se había debatido. Pero cuando el proyecto llegó al Senado fue rechazado por un puñado de políticos conservadores. Hoy las mujeres argentinas muestran que no es efectivo esperar pasivamente que estos gobiernos e instituciones concedan nuestros derechos. Que nadie nos va a regalar nada. Que todo lo conquistado ha sido arrancado por la movilización y la organización.

En Estados Unidos, la Women's March ya había movilizado más de un millón de personas el día que asumía Trump la presidencia a comienzos de 2017, abriendo nuevos debates dentro del movimiento de mujeres. No pocas voces alertaron entonces sobre la necesidad de mantener la independencia ante el Partido Demócrata y los intentos de capitalizar el descontento hacia los cauces del feminismo liberal de Hilary Clinton y las diputadas demócratas.

En Alemania, bajo el liderazgo político de una mujer, las instituciones federales desempeñan un importante papel en aplicar políticas de recortes sociales que afectan especialmente a mujeres más pobres. Así lo cuenta Narges Nassimi, joven inmigrante:

> A las mujeres en Alemania no nos sirve absolutamente de nada que durante los últimos 13 años una mujer haya gobernado el país. Al contrario, ella y su Gobierno imperialista nos atacaron a nosotras y especialmente a las mujeres en todo el mundo con programas de recortes y austericidas. Eso nos demuestra la necesidad de luchar juntas, jóvenes, trabajadoras, inmigrantes, refugiadas y con todas las mujeres del mundo.

Nuevas voces y nuevos retos que nos plantean apostar por un feminismo anticapitalista, antirracista y antiimperialista. Un movimiento que no sólo se enfrente al feminismo neoliberal de Ana Botín, sino también a las trampas de las ministras liberales o las «progres» del PSOE.

El movimiento de mujeres se encuentra en una encrucijada. Puede limitarse a actuar como una válvula de escape, un elemento de presión sobre las instituciones –con el riesgo de ser cooptado por alternativas políticas «progresistas»– o puede profundizar sus aspectos más avanzados, radicalizar los métodos de lucha, ampliar alianzas con otros movimientos y con la clase trabajadora. Para esta perspectiva tenemos importantes puntos de apoyo. ¿Acaso no está naciendo una nueva generación de trabajadoras y jóvenes que resisten las consecuencias de la crisis, el paro, la precariedad y la pobreza al mismo tiempo que cuestionan las relaciones patriarcales y sus violencias?

Una experiencia de este tipo, de forma incipiente, se puede encontrar, por ejemplo, entre las trabajadoras de la fábrica Panrico, quienes protagonizaron una huelga de 8 meses en 2013. Mientras luchaban contra los despidos, ellas fueron también parte activa del movimiento de mujeres. Así lo recordaba Luisi, una de las huelguistas:

> Estuvimos haciendo otras cosas, además de luchar por «cero recortes, cero despidos». Porque como mujeres apoyamos todas las luchas que nos afectan a nosotras, como la ley de Gallardón contra el aborto. El 8 de marzo fue algo muy grande, lo tengo como un recuerdo muy bonito que se me ha quedado grabado para siempre. Habrá más manifestaciones del 8 de marzo, pero esa nos ha marcado, no solamente a mí, sino a la mayoría de mis compañeras.

Colectivos de trabajadoras que empiezan a reconocerse como luchadoras, activistas o huelguistas plantean sus reivindicaciones laborales y se unen a diversas luchas. Hay decenas de ejemplos: las trabajadoras de servicios sociales que se unen a Las Kellys, quienes a su vez están presentes en las luchas contra los desahucios o junto a la juventud precaria. Esta unidad de las trabajadoras a la que se suma la energía de las jóvenes y estudiantes es un combo potente para fortalecer el movimiento de mujeres. Ellas demuestran que la clase trabajadora puede movilizarse no sólo por demandas salariales o sindicales, sino también para responder a los grandes problemas que plantea el feminismo. Y si el movimiento feminista retoma el lenguaje de la huelga, las trabajadoras también hablan del lenguaje de los derechos de las mujeres, contra la violencia y las múltiples opresiones.

«Por el Pan y las Rosas. No queremos sólo sobrevivir, también queremos las rosas, la cultura, el ocio, que no son accesibles a todo el mundo», estaba escrito en el chaleco amarillo de Michelle, una desempleada que participó en las movilizaciones en Francia[9]. En ese país, donde el movimiento feminista es aún incipiente, el movimiento de los chalecos amarillos inspiró a miles de mujeres para manifestarse contra la precariedad de la vida.

En el terreno de la lucha de clases, grupos de trabajadoras están empezando a hacer escuela. Esas batallas de clase y género pueden permitir recuperar los derechos perdidos, así como ganar nuevos en los próximos años. Para lograrlo, la lucha de las mujeres contra el patriarcado deberá ser una bandera alzada por la amplia mayoría de la clase trabajadora, superando el divorcio entre esta y los movimientos sociales. Un camino que no empezamos desde cero, la historia de revueltas y revoluciones de las mujeres en todo el planeta es una gran fuente de inspiración.

---

[9] Laura Varlet, «Les femmes en Gilet Jaune», *Révolution Permanente,* 13 de enero de 2019 [https://www.revolutionpermanente.fr/Les-femmes-en-Gilet-Jaune].

XI

POR EL PAN Y POR LAS ROSAS

En mayo de 2019, Ana Botín se convertía en la única española dentro del «comité de dirección» del exclusivo Club Bilderberg, una organización que celebra reuniones a puerta cerrada, con alto grado de secretismo y reúne a la elite de la burguesía mundial. Botín comparte la dirección del exclusivo foro con algunas de las personas más ricas del mundo. Los 130 miembros (empresarios, políticos, banqueros, directores de medios de comunicación) realizan conferencias anuales en hoteles de lujo de diferentes continentes. En 2009, en pleno estallido de la crisis económica mundial, el lugar elegido fue una localidad costera al sur de Grecia. Un año después, el encuentro tuvo lugar en Sitges, en la costa catalana. Los países del sur de Europa estaban siendo gravemente golpeados por la crisis y a partir de aquellos años los gobiernos empezaron a aplicar recortes estructurales sin precedentes, mientras los bancos eran rescatados con inversiones supermillonarias de los Estados. Que las reuniones del Club Bilderberg se hayan realizado justamente allí, con la presencia del expresidente José Luis Rodríguez Zapatero y banqueros como Ana Botín y Rodrigo Rato, no es pura coincidencia.

Junto con Angela Merkel, Christine Lagarde –exdirectora del FMI– o Sheryl Sandberg, la presidenta del Santander puede arrogarse el título de ser una de las mujeres más poderosas del mundo. Como señalábamos al comenzar este libro, el neoliberalismo no implicó sólo una enorme feminización de la fuerza laboral, sino también el ingreso de un importante número de mujeres al podio de las milmillonarias. Frente al feminismo liberal de Ana Botín y los techos de cristal para las CEO, sectores del movimiento de mujeres apuestan por un feminismo anticapitalista, antirracista y junto a las trabajadoras. ¿Pero qué significa que el feminismo sea también anticapitalista? ¿Qué implicaciones tiene esto en el programa, en los métodos de lucha y en los objetivos finales?

La nueva ola del movimiento feminista está imbuida de un gran optimismo: «ahora que estamos juntas, el patriarcado se va a caer». Además del entusiasmo, el canto expresa una cierta ilusión, la idea de que, saliendo a las calles y haciendo huelgas, lograremos «visibilizar» la opresión y por esa vía lograremos vencer. La sociedad patriarcal oculta bajo siete llaves los secretos de su dominación, por eso es tan importante nombrar las formas que adquiere la violencia machista, señalar las complicidades de la Justicia patriarcal, rasgar el telón que oculta la violencia en el matrimonio, la familia y la heterosexualidad obligatoria, analizar todos los eslabones de la subordinación de las mujeres, su entrelazamiento con el racismo y la explotación, el rol de las instituciones y la ideología, etc. Pero con nombrar y hacer visible no es suficiente, no alcanza con hacer consciente la opresión para poder terminar con ella. Para cambiar radicalmente la manera de pensar de la sociedad, para transformar hasta lo más profundo las formas de sentir, tenemos que cambiar la actividad práctica, las relaciones sociales que estructuran la sociedad. No se trata sólo de interpretar el mundo, sino de transformarlo, como sostenía la famosa «Tesis sobre Feuerbach» de Marx. Y si las relaciones patriarcales están entrelazadas al capitalismo, los poderes reales que se benefician de la reproducción del sistema van a oponer una violenta resistencia frente a cualquier desafío. Para ello cuentan con Estados, cárceles, policías, fronteras, jueces y leyes a su favor, instituciones políticas, educativas, religiosas y medios de comunicación afines que reproducen la ideología dominante, no lo olvidemos.

Cuando nos preguntamos no sólo qué queremos cambiar, sino también cómo lo haríamos, empieza el camino más difícil, definir una estrategia. Como dijimos, sectores importantes del movimiento feminista se definen hoy como antipatriarcales, anticapitalistas y antirracistas. Entonces llegan las preguntas decisivas: ¿cómo derrotamos a la sociedad capitalista, racista y patriarcal?

¿Nos enfocamos en conquistar posiciones en las instituciones actuales o las queremos derribar? ¿Se trata de construir redes de solidaridad para resistir en los márgenes de la sociedad actual o buscamos erigir una sociedad sobre nuevas bases?

NUEVOS DEBATES POR UN FEMINISMO ANTICAPITALISTA

En marzo de 2019 se publicó el *Manifiesto de un feminismo para el 99%*, de Cinzia Arruzza, Tithi Bhattacharya y Nancy Fraser, que desde entonces ha sido publicado en varios idiomas[1]. La importante recepción que tuvo a nivel internacional confirma el interés por la idea de un feminismo anticapitalista. El manifiesto tiene el mérito de confrontar con el feminismo liberal y sus propuestas meritocráticas que se limitan a «romper los techos de cristal». Una ideología que sugiere que las mujeres deberían «agradecer que sea una mujer, y no un hombre, quien reviente su sindicato, ordene a un misil matar a sus padres o encierre a su hijo en una jaula en la frontera»[2]. Denuncia también que este feminismo liberal «subcontrata la opresión» explotando mano de obra inmigrante para el trabajo doméstico y resulta ser la «coartada perfecta» para el neoliberalismo. También señala que, si bien el feminismo liberal reconoce muchos derechos sobre el papel, estos no serán una realidad para la mayoría de las mujeres trabajadoras, pobres, migrantes, LGTBI, o trans, si no se producen transformaciones materiales estructurales en la sociedad.

Ligado a esto último, las autoras plantean que el feminismo no puede ser un movimiento separatista, sino que tiene que buscar alianzas y confluencias con otros movimientos sociales. En este sentido, se proponen «explicar por qué las feministas debemos elegir el camino de las huelgas feministas, por qué debemos unirnos con otros movimientos anticapitalistas y antisistema, por

---

[1] C. Arruzza, T. Bhattacharya y N. Fraser, *Manifiesto de un feminismo para el 99%*, Barcelona, Herder, 2019.
[2] *Ibid.*

qué nuestro movimiento debe convertirse en un feminismo para el 99 por 100»[3]. Expresan también la necesidad de un feminismo internacionalista, antiimperialista y antirracista y señalan que para eso el feminismo tiene que ser anticapitalista. Además, critican el feminismo carcelario y el punitivismo como salida conservadora frente al fenómeno de la violencia de género.

Las autoras plantean que la opresión de género se basa en la subordinación de la reproducción social a la producción de beneficios en el capitalismo y, en este sentido, sitúan los desafíos del movimiento feminista en el contexto de lo que llaman una crisis de la reproducción social. Esta tendría una explicación de doble entrada: mientras el Estado recorta gastos destinados al ámbito de los cuidados, el capital recluta cada vez más mano de obra femenina asalariada en largas jornadas de trabajo. La consecuencia sería un agotamiento de las «capacidades colectivas e individuales para regenerar seres humanos y mantener vínculos sociales». Mientras a la mayoría de las mujeres les espera un trabajo precario y mal remunerado, la inserción en el mundo laboral no las libera de un «segundo turno» de trabajos reproductivos en los hogares.

El *Manifiesto* tiene varios puntos fuertes en su diagnóstico de la situación actual, pero en lo que respecta a la formulación concreta de una estrategia para superar el capitalismo patriarcal aparecen más bien sus omisiones. Aunque la idea del 1 por 100 contra el 99 por 100 es una metáfora sugerente –nacida en las luchas de Occupy Wall Street, el movimiento antiglobalización o las plazas del 15M–, como articulación de fuerzas concreta resulta ambigua, ya que termina diluyendo las líneas de demarcación entre las clases. En realidad, ni los capitalistas se restringen al 1 por 100 (existen grandes corporaciones multinacionales, pero también burguesías locales, medianas y pequeñas), ni la clase trabajadora –a su vez fragmentada y diversa– abarca el 99 por 100. También existen amplias capas medias, pequeña burguesía profesional o comercial, etc., sectores que pueden ser tanto aliados de la clase obrera y participar en movimientos so-

---

[3] *Ibid.*

ciales como convertirse en base de proyectos ultraconservadores. Debido a los ciclos de consumo facilitados por el crédito, las clases medias han sido un apoyo social clave para los proyectos neoliberales. Perder de vista esta complejidad de las estructuras sociales no ayuda a definir una estrategia anticapitalista, y sin embargo deja la puerta abierta a proyectos populistas de izquierda.

Por otro lado, las autoras plantean la necesidad de ampliar el concepto de *trabajo* más allá del trabajo asalariado, para hacer visible el trabajo reproductivo que se realiza en los hogares, algo pertinente en un plano de análisis. Pero a pesar de ello, desde el punto de vista estratégico de la lucha contra el capitalismo, harían falta mayores precisiones. Comencemos por el hecho de que no es comparable el «poder de fuego» de la clase trabajadora para poner en jaque el sistema con la capacidad que podrían tener cientos de miles de amas de casa aisladas en hogares individuales. Relacionado con este punto, en el *Manifiesto* señalan que la clase obrera lucha no sólo en el ámbito productivo, sino también en lo que denominan la esfera de la reproducción social, donde las mujeres tienen protagonismo. Sin embargo, en ese ámbito se incluyen fenómenos muy diversos: movimientos por la vivienda, manifestaciones contra la privatización del agua en Irlanda, huelgas de las maestras en Estados Unidos, el movimiento de los indignados en España, las primaveras árabes o las luchas contra la gentrificación de los barrios.

Es cierto que, a largo de la historia, además de haber protagonizado importantes huelgas laborales, las mujeres han desplegado su combatividad más allá de ese espacio, mediante huelgas de inquilinas, ocupaciones de tierras, boicots en los mercados contra el aumento del precio de los alimentos, manifestaciones masivas en las ciudades por cuestiones democráticas, luchas contra desahucios, comités de mujeres de apoyo a huelgas obreras, etc. Además, en los últimos años han emergido múltiples fenómenos de lucha de sectores de la clase trabajadora que se encuentran fuera de las estructuras tradicionales de los sindicatos –cada vez más estatizados y burocratizados– y movimientos policlasistas donde trabajadores y trabajadoras precarios, jóvenes, mujeres y personas racializadas se mezclan indistintamente con sectores intermedios o pequeña burguesía arruinada –como el fenómeno de los chalecos amarillos en Francia o las luchas vecinales por mejores condiciones de vida–.

Negar el carácter combativo y potencialmente disruptivo de estos movimientos, por sostener un fetichismo de la clase obrera de «mono azul», sería un despropósito. Pero un error similar sería negar la capacidad de paralizar la producción de los sectores más concentrados de la clase obrera –no sólo industrial sino también en los servicios, telecomunicaciones, banca, aeropuertos, trenes y los conductores de mercancías–. Algo que sigue siendo fundamental para poder derrotar al capital, siempre que se pueda concitar el apoyo y generar alianzas con todos los sectores oprimidos, en una perspectiva de hegemonía obrera y popular. Por eso resulta fundamental la lucha por recuperar los sindicatos y democratizarlos, potenciar su acción detrás de un programa combativo, sacarse de encima a las burocracias y crear nuevas formas de autoorganización obrera y popular en cada lucha.

Finalmente, si bien el objetivo del *Manifiesto* es «unir movimientos existentes y futuros en una insurrección global de amplia base», no se ofrecen muchas pistas de cómo avanzar hacia allí. No obstante, se toma la opción de no pronunciarse concretamente: «nuestro *Manifiesto* no prescribe los contornos precisos de una alternativa, ya que esta debe surgir en el transcurso de la lucha por crearla»[4]. Nos recuerda un poco a aquella frase de «caminando, preguntamos», y, sin embargo, esta sería la cuestión fundamental que habría que intentar responder. Las autoras apuntan acertadamente a una de las trampas del sistema cuando este nos da a elegir entre dos opciones reaccionarias: las tendencias conservadoras de la extrema derecha o el neoliberalismo progresista. Pero, en este punto, no hacen referencia a las experiencias de Syriza en Grecia, el surgimiento de Podemos o los debates sobre la candidatura de Bernie Sanders en Estados

---

[4] *Ibid.*

Unidos[5]. ¿Qué conclusiones extraen de esas experiencias? El *Manifiesto* parece asumir la idea de un anticapitalismo abstracto, sin sujetos políticos reales. En el caso de Nancy Fraser, en cambio, ella ha expuesto en otros trabajos y entrevistas su apoyo a la idea de un «populismo de izquierda» y ha esbozado la necesidad de un programa de tinte neokeynesiano para recuperar el Estado de bienestar.

Rosa Luxemburg, cien años después

A menos que pensemos que la rebelión anticapitalista se producirá de forma espontánea y sin ninguna relación con tradiciones y experiencias del pasado, es clave revisitar los debates estratégicos que han atravesado el movimiento obrero y el feminismo desde sus comienzos.

A fines del siglo XIX, Rosa Luxemburg polemizaba con quienes, como Eduard Bernstein, sostenían que había que olvidarse de los «objetivos finales» del socialismo y que el movimiento por conseguir reformas dentro de la sociedad capitalista lo era todo. La vía evolutiva de la acción parlamentaria y sindical se proponía como nueva base de la socialdemocracia, que abandonaba así el terreno de la lucha de clases. Los reformistas de entonces aconsejaban dejar de lado las reivindicaciones de los sectores más oprimidos de la clase, para no ahuyentar al electorado y facilitar pactos con partidos liberales. Rosa Luxemburg sostenía, por el contrario, que pretender humanizar el capitalismo con módicas reformas era como querer endulzar el mar de la amargura capitalista con pequeñas dosis de azúcar. El sistema no había superado las crisis y preparaba calamidades catastróficas, por eso la vía revolucionaria seguía siendo necesaria si la humanidad no quería perecer por la barbarie. Años después continuaría su polémica con quienes proponían –como Karl

---

[5] A. D'Atri y C. Murillo, «Feminismo para el 99 por 100: estrategias en debate», *Revista Contrapunto*, 28 de julio de 2019 [https://www.izquierdadiario.es/ Feminismo-para-el-99-estrategias-en-debate-134929#nh4].

Kautsky– cambiar las instituciones de la democracia liberal desde dentro, mediante una paulatina «guerra de posiciones» y aritméticas electorales, algo que Luxemburg definía como «nada-más-que-parlamentarismo». Ella proponía reubicar el centro de gravedad de la socialdemocracia en la lucha de clases.

Las polémicas entre reforma o revolución tomaron cuerpo también en el movimiento de mujeres. No sólo las feministas liberales defendían el camino de cambios parciales dentro del sistema, sino también muchas socialistas reformistas, a quienes se enfrentaron revolucionarias como Clara Zetkin o Aleksandra Kolontái. En el debate sobre el sufragio femenino a comienzos del siglo XX, algunas feministas moderadas planteaban que había que aceptar un sufragio parcial, sólo para las mujeres con una renta alta, para no enajenar el apoyo de los políticos conservadores. En cambio, las feministas revolucionarias fueron las que más consecuentemente lucharon por el sufragio universal para todas las mujeres, al mismo tiempo que levantaban las reivindicaciones de las trabajadoras, en la perspectiva de la lucha por el socialismo.

Hoy volvemos a escuchar dentro y fuera del feminismo el viejo relato de la moderación política, aunque ya no se hable de transiciones graduales al socialismo, sino de la adaptación pragmática a los marcos vigentes del sistema o los intentos de recuperar un Estado de bienestar perdido. Estados de bienestar que sólo fueron una realidad excepcional y delimitada en el tiempo en un puñado de países imperialistas, a costa de la expoliación del resto del mundo.

Syriza ganó las elecciones en 2015 y Podemos comenzó poco antes un ascenso meteórico, parecía que el cielo estaba al alcance de la mano. Pero la trágica experiencia de Grecia dejó claro que, aun cuando esos partidos llegaran al gobierno, eso no significaba tomar el poder por parte de la clase trabajadora y las mayorías oprimidas. Aquellos que conservaron el poder real siguieron siendo los bancos, los grandes empresarios, las multinacionales, los organismos financieros internacionales y «los mercados». La restringida democracia liberal podía permitir elecciones cada tantos años, mientras garantizaba el gobierno para una minoría con mecanismos opuestos a la autodeterminación de las mayorías sociales.

Los llamados «populismos de izquierda» o nuevos reformismos propusieron «renunciar» a reivindicaciones elementales, «dejar para más adelante» o «moderar el discurso», establecer un nuevo conformismo. Cuando Syriza llegó al gobierno, lo hizo de la mano del partido nacionalista Anel, una formación conservadora con fuertes lazos con la Iglesia ortodoxa. Las mujeres que reclamaban una efectiva separación de la Iglesia del Estado fueron invitadas a esperar. Pero nunca llegó el momento, porque seis meses después el Gobierno de Syriza capituló ante la Troika y aplicó recortes, ajustes y privatizaciones en una escala inaudita. En Argentina, durante la campaña electoral presidencial del año 2019, el movimiento kirchnerista de Cristina Fernández pidió a millones de mujeres que se manifestaron por el derecho al aborto que esperaran, diciendo que no era el momento de «dividir» los votos entre pañuelos verdes (feministas) y «pañuelos azules» (de las organizaciones provida y religiosas). Del mismo modo, el PSOE llegó al gobierno en 2018 con el apoyo de Podemos, pero postergó para un futuro indeterminado medidas como la derogación de la reforma laboral, la revisión de los pactos con la Iglesia o el cierre de los CIE. Otra vez había que esperar, renunciar, postergar, elegir el mal menor para que no volviera la derecha.

Frente a la ofensiva reaccionaria del nacionalismo conservador y los engaños del neoliberalismo progresista, la trampa del mal menor que propone el populismo de izquierda demostró no ser una alternativa. El reto del feminismo anticapitalista es articular una estrategia socialista, con el horizonte de luchar por transformar de raíz esta sociedad. Una estrategia que necesariamente tiene que ir más allá del feminismo, al proponerse unir a todas las capas oprimidas de la sociedad contra el capitalismo.

Revisitando el debate de feminismo y marxismo

En febrero de 2018, la líder de Ciudadanos Inés Arrimadas aseguraba que no iba a participar de la huelga de mujeres del 8M: «Yo soy feminista, pero no comunista», justificaba. Decir que la huelga de mujeres era «comunista» sólo podía ser producto de la imaginación afiebrada de una derecha que ve brotar «antisistemas» debajo de cada baldosa. Es cierto que cada vez más jóvenes cantan en las manifestaciones: «¡patriarcado y capital, alianza criminal!», pero eso no significa –al menos por ahora– que se adhieran a las ideas del comunismo. Y aunque Arrimadas no entienda nada sobre este tema, hay una larga tradición de encuentros y desencuentros entre feminismo y marxismo. No pretendemos concluir aquí esta cuestión, pero hace falta dar cuenta de algunos debates que permiten pensar hoy sobre este tema[6].

En las décadas del auge neoliberal se generalizó la afirmación acerca de la incapacidad del marxismo para abordar la opresión de género, al mismo tiempo que se lo impugnaba en su conjunto. Desde posiciones ideológicas, a veces muy disímiles, se le atribuyó al marxismo un sistema teórico que subsumía la lucha de las mujeres a un plano estrictamente «económico» o que la postergaba para un futuro indeterminado, «después de la revolución». Esto ocurría en el marco de la hegemonía del posmodernismo en las ciencias sociales, que pronosticaba el fin de la historia y de la lucha de clases. Al mismo tiempo, la clase trabajadora retrocedía en conquistas históricas y los movimientos sociales, como el feminista, perdían radicalidad. Sin muchos fundamentos ni conocimiento de su obra, algunas feministas posmodernas han presentado a Marx como un machirulo barbudo con valores victorianos. Otras, de forma un poco más elaborada, sostienen que el marxismo puede servir para analizar las relaciones económicas, pero para luchar contra la opresión de las mujeres hay que recurrir al feminismo.

En los últimos años, quienes escribimos este libro hemos conversado en encuentros y talleres con militantes de izquierda

---

[6] D'Atri, *Pan y Rosas*, cit.

y activistas feministas que nos han planteado la misma pregunta: ¿qué relación hay entre feminismo y marxismo, entre la lucha contra el patriarcado y la lucha contra el capitalismo? La irrupción de la gran crisis económica hace más de una década sacudió todos los postulados triunfalistas del neoliberalismo: las luchas de resistencia, que comenzaron a adquirir nuevas formas, y el debate ideológico sobre la relación entre la explotación de clase y la opresión de género –así como, en general, sobre la vigencia del marxismo como teoría explicativa– han recobrado actualidad.

Para abordar las complejas relaciones entre feminismo y marxismo es importante recuperar la tradición del feminismo socialista, o tirar del hilo de algunas reflexiones sobre la emancipación de las mujeres que se plantearon en el pensamiento marxista desde sus comienzos. Tan temprano como a mediados del siglo XIX, la socialista Flora Tristán adelantaba una propuesta para la organización de la clase obrera en su libro *La Unión Obrera* (1843), donde hacía un análisis de la relación entre clase y género. El tercer capítulo de su libro estaba dedicado a las mujeres trabajadoras, a las que definió como «las últimas esclavas» de la sociedad francesa. Ellas eran las proletarias de los proletarios, clase y género se cruzaban en la vida de las trabajadoras. Tristán interpelaba a los obreros y señalaba que no era posible sostener un proyecto de emancipación humana sin tener en cuenta a las mujeres[7].

Por su parte, Marx y Engels formularon la necesidad de luchar por la emancipación femenina desde sus primeros textos. En *La Sagrada Familia*, citaban al socialista utópico Fourier asegurando que «los progresos sociales, los cambios de periodos se operan en razón directa del progreso de las mujeres hacia la libertad; y las decadencias de orden social se operan en razón del decrecimiento de la libertad de las mujeres». En *La situación de la clase obrera en Inglaterra,* Engels ponía el foco en las mujeres trabajadoras que ingresaban masivamente a la producción capitalista y sus penosas condiciones de vida: el hacinamiento de

---

[7] J. L. Martínez, *Revolucionarias,* Madrid, Lengua de Trapo, 2018.

familias enteras en pequeñas viviendas, miseria, falta de higiene y largas jornadas de explotación. En esas condiciones, la «vida familiar» de la clase obrera se descomponía.

En el *Manifiesto comunista*, Marx y Engels vuelven a denunciar la tendencia del capitalismo a destruir los lazos familiares en la clase obrera, al incorporar masivamente al trabajo a mujeres y niños. Pero, al mismo tiempo, señalaban la «doble moral» burguesa, en una sociedad que, mediante el adulterio (permitido socialmente sólo para los hombres) o la prostitución, trata a las mujeres como propiedad. Por último, en *El origen de la familia, la propiedad privada y el Estado*, Engels desarrolla un análisis histórico sobre la institución familiar. A pesar de los límites que pueda tener esa obra, sigue siendo una referencia fundamental para el feminismo socialista, ya que sitúa históricamente el origen de la opresión de las mujeres, demostrando que es un fenómeno social. Establece, además, una relación entre la propiedad privada, la división clasista de la sociedad y la consolidación de la familia patriarcal. Mediante la instauración del matrimonio y la monogamia, la mujer y los hijos se convierten en «propiedad privada del hombre». Estas primeras aproximaciones serán retomadas por feministas socialistas como Eleanor Marx o por Clara Zetkin[8].

La revolucionaria alemana organizó varios congresos internacionales de mujeres socialistas entre 1907 y 1915. En la Conferencia Internacional que tuvo lugar en Copenhague, en agosto de 1910, Zetkin propuso establecer un Día Internacional de las Mujeres, que unos años después comenzaría a celebrarse cada 8 de marzo. La Tercera Conferencia Internacional femenina estaba programada para abril de 1914, pero no pudo realizarse por el estallido de la Primera Guerra Mundial. La lucha contra la guerra imperialista encontró a Clara Zetkin en primera fila junto a su amiga Rosa Luxemburg. Tanto Clara Zetkin como Inessa Armand se dedicaron especialmente a la tarea de organizar a las mujeres trabajadoras alrededor de las ideas del socialismo y el

---

[8] *Ibid.*

comunismo[9]. Zetkin polemizó en su momento con el feminismo burgués, porque este buscaba mejorar la posición de las mujeres de la clase propietaria, sin cuestionar las reglas del juego de la sociedad capitalista. La emancipación de las mujeres sólo se podía alcanzar con el socialismo, pero la lucha por el socialismo no era posible sin la participación de las mujeres.

Por su parte, Aleksandra Kolontái lideró, junto con otras militantes como Inessa Armand, el debate sobre la cuestión de la emancipación de las mujeres en el partido bolchevique. Kolontái consideraba que la «crisis sexual» de la humanidad no se podía reducir a una cuestión económica. Por eso planteaba la necesidad de una «renovación psicológica de la humanidad», una revolución total en las relaciones afectivas. Afirmaba que el matrimonio monógamo estaba basado en una concepción del amor como propiedad, que impedía que las personas disfrutaran libremente de sus relaciones. Estas elaboraciones son poco conocidas en la actualidad, pero representan un gran aporte al feminismo socialista, precursor de muchas ideas que tomaron fuerza en los años sesenta y setenta del siglo XX, con el lema de que «lo personal es político».

Como ya vimos, durante los primeros años de la Revolución rusa, la emancipación de las mujeres formó parte de las cuestiones prioritarias. Lenin señalaba en 1919 que la tarea de abrir terreno para la construcción del socialismo sólo comenzaba después de haber logrado la igualdad de las mujeres, liberándolas de la carga del trabajo doméstico, algo que llevaría muchos años de transformaciones. Finalmente, el retroceso que implicó el estalinismo en este terreno fue señalado por dirigentes como León Trotsky, quien planteó que los argumentos que esgrimía la burocracia para volver a situar a las mujeres en el seno de la familia patriarcal eran «filosofía de cura que dispone, además, del puño del gendarme». Todos estos debates forman parte de la tradición del movimiento obrero y del movimiento de mujeres. Conocerlos es clave para no comenzar desde cero.

---

[9] A. D'Atri (comp.), *Luchadoras*, Buenos Aires, Ediciones IPS, 2006.

Otro debate importante del feminismo socialista se produjo en los años setenta, un intercambio que puede estimular también una reflexión para el presente. En 1981 se publicó en Estados Unidos un libro que compilaba varias contribuciones acerca de la relación entre patriarcado y capitalismo[10]. Un artículo de la feminista socialista Heidi Hartmann («El infeliz matrimonio entre marxismo y feminismo: hacia una unión más progresista») fue desde entonces una referencia sobre la cuestión[11]. Hartmann comenzaba diciendo que «el matrimonio entre marxismo y feminismo ha sido como el matrimonio de marido y mujer en la legislación británica: marxismo y feminismo son uno, y ese uno es el marxismo». Hartmann concluía que se necesitaba «un matrimonio más sano o el divorcio».

La autora aseguraba que, para el marxismo, el feminismo no era importante o sólo tenía un lugar secundario. Sostenía que no había que descartar el análisis marxista para comprender las leyes del desarrollo histórico, pero consideraba que las categorías marxistas ignoraban el sexo. Por eso hacía falta un análisis específico feminista para abordar las relaciones entre los sexos. Por su parte, el feminismo había obviado la historia y sido insuficientemente materialista. Por eso proponía combinar el método del materialismo histórico con el análisis feminista sobre el patriarcado. Su tesis final era que, en la izquierda, el marxismo había dominado hasta entonces al feminismo, y que había que reemplazar esa dominación por una alianza constructiva entre ambos. Hartmann proponía un sistema dual, donde patriarcado y capitalismo eran considerados como estructuras de dominación autónomas e independientes, que a veces incluso entraban en contradicción entre sí. En este esquema, el sistema de producción estaba regulado por las leyes de acumulación del capital, mientras el sistema de reproducción lo era por el sistema sexo/género (patriarcado).

---

[10] L. Sargent (ed.), *Women and Revolution. A discussion of the unhappy marriage of marxism and feminism,* Boston, South End Press, 1981.
[11] H. Hartmann, «The unhappy marriage of marxism and feminism: towards a more progressive union», en Sargent (ed.), *Women and Revolution,* cit.

El problema de las definiciones del sistema dual es que establecían artificialmente dos esferas separadas, la producción y la reproducción, perdiendo de vista la profunda relación que existe entre ambas. Además, al centrar los mecanismos del patriarcado en la familia, las teorías duales restaban importancia a otras formas de la opresión de las mujeres que ocurren fuera de esta, como el acoso laboral, la brecha salarial, etc. Y si esto ya era muy problemático en el momento en que Hartmann escribió su artículo, lo es mucho más 40 años después, cuando la participación de las mujeres en el mundo laboral se ha multiplicado. Con una fuerza laboral feminizada que ronda el 50 por 100 en muchos países, ¿cómo es posible seguir pensando que patriarcado y capitalismo son dos sistemas autónomos que actúan en ámbitos por completo diferenciados?

En un artículo que se publicó en el mismo libro[12], la filósofa feminista Iris Young hizo una crítica muy aguda al sistema dual y a la idea de «esferas separadas». Young señaló que las relaciones patriarcales están integradas en las relaciones de producción como parte de una totalidad. Es decir, que la diferenciación muestra un atributo central del capitalismo, no un «sistema paralelo». La ideología patriarcal existe antes del capitalismo, pero este la transformó bajo nuevas condiciones. El capitalismo se aprovecha de esta discriminación para abaratar el trabajo de mujeres y niños y así rebajar las condiciones laborales en su conjunto, pero las mujeres son siempre las primeras en ser despedidas y enviadas de vuelta a casa, cuando los ciclos del capital cambian. Para terminar, Young señalaba algo muy interesante para pensar hoy: en la historia del capitalismo, únicamente las burguesas y las mujeres de la pequeña burguesía vivieron una vida más o menos acorde con la ideología de la feminidad. Invirtiendo los términos, podríamos decir que cuando el feminismo liberal se volvió hegemónico en su «feliz matrimonio» con el neoliberalismo, sólo la burguesía y sectores de la pequeña burguesía pudieron vivir una vida que se correspondiera más o menos a la ideología de la «libre elección» y el empoderamiento individual.

---

[12] Sargent (ed.), *Women and Revolution*, cit.

La crítica más exhaustiva hacia las teorías del sistema dual la realizó la feminista socialista norteamericana Lise Vogel con la publicación de *Marxism and the Oppression of Women: Toward a Unitary Theory*. Allí aseguraba que el verdadero problema de las teorías duales era que tomaban como punto de partida una concepción equivocada del marxismo, una versión economicista. Como hemos visto antes, Vogel sostenía que el trabajo doméstico en los hogares era un trabajo indispensable para la reproducción de la fuerza laboral. Para superar las contradicciones de las concepciones duales, proponía desarrollar una teoría unitaria que situara la opresión de las mujeres en el interior de los mecanismos de la reproducción social. Actualmente, feministas de varios países están recuperando las elaboraciones de Vogel para desarrollar diferentes aspectos de una teoría de la reproducción social, aunque con muchos matices y diferentes posiciones entre sí[13].

Más allá del capitalismo

En la actualidad, 157 de las 200 entidades económicas más importantes del mundo son multinacionales, no países. Empresas como Walmart, Apple y Shell acumulan más riqueza que Rusia, Bélgica y Suecia. Walmart se encuentra en el puesto número 10, por encima de España, Australia y Holanda. El Banco Santander tiene más ingresos que países como Colombia o Irlanda. El dueño de Amazon, Jeff Bezos, es la persona más rica de la historia, con una fortuna personal estimada en 150.000 millones de dólares. Lo siguen en el *ranking* Bill Gates y el francés Bernard Arnault, presidente de un grupo dedicado a marcas de lujo como Louis Vuitton o Dior. Ambos tienen fortunas por encima de los 100.000 millones de dólares. El patrimonio de las 400 familias más ricas de Estados Unidos se ha triplicado en los

---

[13] P. Varela, «¿Existe un feminismo socialista en la actualidad? Apuntes sobre el movimiento de mujeres, la clase trabajadora y el marxismo hoy», *Revista Theomai* 39 [http://revista-theomai.unq.edu.ar/NUMERO_39/1. por 10020Varela.pdf].

últimos 30 años, mientras que los ingresos de la mayor parte de la población han caído en todo el planeta.

Las naciones imperialistas, lejos de haber desaparecido como pronosticaban algunos, se atrincheran levantando muros y fronteras a las migraciones, mientras aumentan las tensiones entre los Estados –desde las guerras comerciales de Estados Unidos y China hasta las guerras regionales como en Siria o Yemen– y se profundizan las políticas intervencionistas agresivas del imperialismo como en Venezuela y Cuba. La crisis civilizatoria a la que nos conduce el capitalismo genera monstruos de dos cabezas. Trump, Bolsonaro, Le Pen, Salvini, son sólo una de las caras de un sistema basado en la explotación, la misoginia, la homofobia, el racismo y la violencia, que también están presentes bajo gobiernos con rostro «progresista». Todos defienden un sistema depredador del medioambiente, que envenena el aire, el agua y el suelo y liquida especies enteras. Si nuestro feminismo es socialista es porque luchamos por activar el freno de emergencia contra esta catástrofe a la que nos arrastran los capitalistas antes de que sea demasiado tarde.

La invención y la creatividad humanas han logrado poner personas en el espacio y han ayudado a conocer los misterios de la genética y la física cuántica, a desarrollar la ciencia, las telecomunicaciones, la industria y la tecnología a un nivel tal que permitiría a toda la sociedad vivir sin tener que depender cada día de lo estrictamente económico. Pero bajo el capitalismo, todo el excedente generado, en vez de liberar a los seres humanos de las miserias y la escasez, condena a gran parte de la población al sufrimiento de luchar para sobrevivir. Bajo la órbita del capital, cuanta más abundancia crea el trabajo social, más ata a los productores al ciclo incesante de las máquinas y los mercados, sin poder disfrutar de lo que han creado y sin tiempo libre para aprovecharlo. Mientras en el mundo cada vez más personas trabajan más de lo que quieren, muchas otras trabajan menos de lo que necesitan, o no trabajan en absoluto y son marginadas a las periferias inhabitables de las grandes ciudades. Al mismo tiempo, millones de mujeres en todo el mundo agotan el tiempo de sus vidas intercalando trabajos precarios con las extenuantes labores domésticas y las tareas de cuidado.

La multiplicación de series distópicas en la televisión es ya una marca de nuestra época, acorde a un momento de crisis e incertidumbres, cuando el ciclo neoliberal del capitalismo se descompone sin que una clara alternativa revolucionaria logre tomar forma. *El cuento de la criada* de Margaret Atwood nos muestra una sociedad totalitaria donde grupos de mujeres son propiedad del Estado como esclavas sexuales para parir hijos que serán apropiados por quienes controlan los hilos del poder. Otras mujeres friegan los suelos y preparan la comida; algunas, como la tía Lydia, actúan como siniestras agentes del sistema, controlando la agobiante cadena de tareas de reproducción. El gran triunfo del capitalismo es que estamos hoy más habituadas a pensar las catástrofes y las distopías que a imaginar la posibilidad de reorganizar la sociedad sobre nuevas bases, más allá del capital.

Las feministas utópicas del siglo XIX imaginaban una reorganización de toda la vida colectiva. Proponían el reparto y la reducción del trabajo, así como la construcción de casas sin cocinas, ya que las tareas domésticas podrían ser realizadas de forma común. Una gran experiencia en este sentido tuvo lugar bajo el Estado obrero surgido de la Revolución rusa, cuando se establecieron medidas tendientes a la socialización del trabajo doméstico como una de las vías para la emancipación femenina. Aunque se enfrentaron a enormes límites impuestos por la guerra y a la crisis económica, fue una práctica social avanzada para intentar arrancar a las mujeres del aislamiento en el hogar, en favor de su inserción en la vida laboral, en la esfera pública y por su emancipación. Las bolcheviques y los bolcheviques proponían medidas de socialización de estas tareas. Como explica la historiadora norteamericana Wendy Goldman, el objetivo era transferir a la esfera pública la mayor parte del trabajo doméstico. Muchas de las tareas realizadas en el hogar por millones de mujeres individuales serían reconvertidas en ramas de la producción, con empleados asalariados ocupados en comedores públicos, lavanderías y centros de cuidado infantil, etcétera[14].

---

[14] W. Goldman, *La mujer, el Estado y la Revolución,* Buenos Aires, Ediciones IPS, 2010.

Aleksandra Kolontái, la primera mujer en ocupar un ministerio (el Comisariado del Pueblo para la Seguridad Social) entre 1917 y 1918, decía que «la costura, la limpieza y el lavado se debían transformar, bajo el Estado obrero, en ramas de la economía como la metalúrgica o la minería». También Inessa Armand luchaba por acabar con la «esclavitud doméstica» y en un Congreso de Mujeres Obreras y Campesinas de 1918 denunció la doble carga de las trabajadoras en las fábricas y en el hogar. Lenin también decía que «la verdadera emancipación de la mujer debía incluir no solamente la igualdad, sino también la conversión integral del trabajo doméstico al socializado». Y, en el mismo sentido, León Trotsky aseguraba que, en cuanto el «lavado estuviera hecho por una lavandería pública, la alimentación por un restaurante público [...] el lazo entre marido y mujer sería liberado de todo factor externo y accidental».

Las condiciones materiales desarrolladas bajo el capitalismo, un siglo después, permitirían llevar adelante aquellas ideas a una escala muy superior, si las fuerzas productivas se liberaran de las trabas de la propiedad privada, expropiando a los expropiadores. Pensemos tan sólo lo que la sociedad en su conjunto podría economizar (en tiempo, energía, materias primas y trabajo) si gran parte de las comidas se prepararan en cocinas industriales, bajo el control de profesionales, para asegurar una alimentación sana para toda la población. No sólo se podrían prevenir muchas enfermedades, sino que personal especializado podría crear platos mucho más variados y sabrosos que los que millones de personas nos podemos permitir bajo un capitalismo que impone altos precios, falta de tiempo y tediosas rutinas. Lo mismo si pudiéramos reemplazar las lavadoras individuales por lavaderos comunitarios, o disponer de educación infantil gratuita equipada con las mejores instalaciones y el trabajo de profesionales al alcance de todas.

También sería necesario un cambio profundo en la relación entre las ciudades y el mundo rural, no sólo para garantizar viviendas dignas para todas las personas y espacios que no estén superpoblados, sino para llevar adelante una revolución en los modelos de urbanización. Edificaciones con más espacios comunes, verdes y abiertos, con ambientes destinados al juego, la lectura o la diversión serían una alternativa a la restringida vida social en el aislamiento de la vivienda familiar actual. Todo el sistema de transporte se transformaría, algo que ya es urgente para limitar el consumo de combustibles fósiles y sus repercusiones en el medioambiente. En vez de millones de coches individuales que contaminan y atascan las autovías, la prioridad estaría puesta en un sistema eficiente y barato de transporte público.

El trabajo es una actividad que forma parte de la naturaleza humana, pero el trabajo dominado por la explotación nos condena a lo más inhumano de nuestra historia. La reducción del tiempo de trabajo es una meta vital para la mayoría de las personas y en particular para las mujeres, no sólo para poder «conciliar» la vida laboral y la vida familiar, sino para poder descubrir un mundo por fuera del ámbito de lo que hoy estrictamente llamamos producción y reproducción, ampliar el espacio del ocio creativo, el arte, la sexualidad y el juego. Erradicar la horrorosa realidad de que una parte de la humanidad pase hambre y muera en guerras o conflictos violentos sólo sería el primer paso.

En este contexto de enormes transformaciones sociales, los prejuicios patriarcales no desaparecerán de forma «automática», pero perderían gran parte de su sustento material. Durante los primeros años de la Revolución rusa, pensadores, artistas y técnicos desplegaron ideas creativas partiendo de las necesidades humanas, no sólo para alimentarse y vestirse, sino también para disfrutar de la cultura, el arte, el deseo, el amor, la amistad. Expropiar a los expropiadores, reducir el tiempo de trabajo y arrancar las tareas domésticas del seno del hogar serían tan sólo bases más sólidas para llevar adelante de forma consciente una revolución constante en las costumbres, las ideas y la sexualidad, como producto de la acción colectiva de millones de mujeres y hombres por cambiar la forma de relacionarse. Transformar el mundo, transformar la vida. Así podremos aspirar a una sociedad emancipada, sin violencias ni opresiones por razones de sexo, color de la piel o lugar de origen, donde los productores de todas las riquezas sociales se autoorganicen y planifiquen la vida en armonía con el medioambiente. De este modo, en el comunismo, «el libre desenvolvimiento de cada uno será la condición del libre desenvolvimiento de todos». Un feminismo anticapitalista y socialista no se resigna con una cuota mayor de igualdad para las mujeres en una sociedad signada por la explotación, la miseria y las opresiones. Lo que buscamos es una sociedad de nuevo tipo.

BIBLIOGRAFÍA

AAVV, *Un feminismo del 99 por 100*, Madrid, Lengua de Trapo, 2018.
AAVV, *¿Cómo puede cambiar el mundo el feminismo?*, Madrid, Lengua de Trapo, 2018.
AAVV, *¿Qué quiere el movimiento feminista? Reivindicaciones y razones*, Comisión Feminista 8M Madrid, Traficantes de sueños, 2019.
ALBAMONTE, E., y Maiello, M., *Estrategia socialista y arte militar*, Buenos Aires, Ediciones IPS, 2017.
ALI, T., *El extremo centro*, Madid, Alianza, 2015.
AMORÓS, C., y de MIGUEL, A., *Teoría feminista. De la Ilustración al segundo sexo*, Madrid, Biblioteca Nueva, 2018.
AMORÓS, C., y de MIGUEL, A., *Teoría feminista. Del feminismo liberal a la posmodernidad*, Madrid, Biblioteca Nueva, 2018.
AMORÓS, C., y de MIGUEL, A., *Teoría feminista. De la Ilustración a la globalización*, Madrid, Biblioteca Nueva, 2018.
ARRUZZA, C., *Las sin parte. Matrimonios y divorcios entre feminismo y marxismo*, Madrid, Sylone (Crítica Alternativa), Madrid, 2010.
ARRUZZA, C., BHATTACHARYA, T., y FRASER, N., *Manifiesto de un feminismo para el 99%*, Barcelona, Herder, 2019.
ARRUZZA, C., y CIRILLO, L., *Dos siglos de feminismos*, Madrid, Sylone, 2018.
BHATTACHARYA, T., *Teoria de la reproducció social. Ressituant la classe. Recentrant l'opressió*, Barcelona, Tigre de Paper, 2019.
BEBEL, A., *La mujer y el socialismo*, La Habana, Editorial de las Ciencias Sociales, 1979.
BENSAID, D., *Marx intempestivo*, Buenos Aires, Herramienta, 2003.

Bernabé, D., *La trampa de la diversidad*, Madrid, Akal, 2018.
Cirillo, L., *Se il mondo torna uomo*, Roma, Edizioni Alegre, 2018.
Cobo, R., *La prostitución en el corazón del capitalismo*, Madrid, Catarata, 2017.
D'Atri, A., *Pan y Rosas. Pertenencia de género y antagonismo de clase en el capitalismo*, Buenos Aires, Ediciones IPS, 2004.
— (comp.), *Luchadoras*, Buenos Aires, Ediciones IPS, 2006.
Davis, A., *Mujeres, raza y clase*, Madrid, Akal, 2005.
Davis, M., *Planeta de ciudades miseria*, Madrid, Foca, 2006.
de Miguel, A., *Neoliberalismo sexual*, Madrid, Cátedra, 2015.
Eagleton, T., *Por qué Marx tenía razón*, Barcelona, Península, 2011.
—, *Las ilusiones del posmodernismo*, Barcelona, Paidós, 1998.
Elwood, R. C., *Inessa Armand: revolucionaria y feminista*, Barcelona, El Viejo Topo.
Engels, F., *El origen de la familia, la propiedad privada y el Estado* [1884], Madrid, Akal, 2017.
Farris, S., *In the Name of Women's Rights: The Rise of Femonationalism*, Durham, CN, Duke University Press, 2017.
Federici, S., *El patriarcado del salario*, Madrid, Traficantes de Sueños, 2018.
Federici, S., y Austin, A., *Salario para el trabajo doméstico*, Madrid, Traficantes de Sueños, 2019.
Fray Luis de León, *La perfecta casada* [1583], Madrid, Espasa-Calpe, Fundación Biblioteca Virtual Miguel Cervantes [http://www.cervantesvirtual.com/obra-visor/la-perfecta-casada--1/html/ffbbf57a-82b1-11df-acc7-002185ce6064_3.html#I_3_].
Fredrickson, C., *Under the bus*, Nueva York, The New Press, 2015.
Goldman, W. Z., *El Estado, la mujer y la Revolución*, Buenos Aires, Ediciones IPS, 2010.
Giménez, M. E., *Marx, Women, and Capitalist Social Reproduction*, Historical Materialism Book Series, vol. 169, Leiden-Londres, Brill, 2019.
Harvey, D., *Breve historia del neoliberalismo*, Madrid, Akal, 2007.

HAUG, F., *Rosa Luxemburg y el arte de la política,* Madrid, Tierra de nadie Ediciones, 2013.
HOOKS, b., *El feminismo es para todo el mundo,* Madrid, Traficantes de Sueños, 2007.
JABARDO, M. (ed.), *Feminismos negros. Una antología,* Madrid, Traficantes de Sueños, 2012.
JEFFREYS, S., *La industria de la vagina. La economía política de la comercialización global del sexo,* Barcelona, Paidós, 2011.
JAMESON, F., *El posmodernismo revisado,* Madrid, Abada, 2012.
—, *El giro cultural,* Buenos Aires, Manantial, 2002.
LUXEMBURG, R., *Reforma o revolución,* Madrid, Akal, 2015.
—, *Huelga de masas, partido y sindicatos,* Madrid, Siglo XXI de España Editores, 2015.
LUZURIAGA MARTÍNEZ, J., *Revolucionarias,* Madrid, Lengua de Trapo, 2018.
MARTÍNEZ ANDRADE, L., *Feminismos a la contra,* Santander, La Vorágine, 2019.
MCROBBIE, A., *The Aftermath of Feminism: Gender, Culture, and Social Change,* Goldsmiths College, University of London, 2008.
MARX, K., *El capital, Libro Primero,* cap. XXIII, Madrid, Siglo XXI de España Editores, 2017.
MARX, K. y Engels, F., *El manifiesto comunista,* Madrid, Akal.
NASH, M., *Trabajadoras: un siglo de trabajo femenino en Catalunya (1900-2000),* Barcelona, Generalitat de Catalunya, Departamento de Treball, Unió Europea, Fons Social Europeu, 2010.
OFFEN, K., *Feminismos europeos, 1700-1950. Una historia política,* Madrid, Akal, 2015.
OSBORNE, *Apuntes sobre violencia de género,* Barcelona, Bellaterra, 2009.
PAZOS MORÁN, M., *Contra el patriarcado. Economía feminista para una sociedad justa y sostenible,* Pamplona-Iruñea, Katakrak, 2018.
Pan y Rosas, suplemento n.º 1, *Voces y relatos de mujeres trabajadoras, las que mueven el mundo.*
SÁNCHEZ MIRA, N., *Trabajo y hogar,* Barcelona, El Viejo Topo, 2018.

Sanz, M., *Monstruas y centauras,* Barcelona, Anagrama, 2018.
Sargent, L. (ed.), *Women and Revolution, A discussion of the unhappy marriage of marxism and feminism,* Boston, South End Press, 1981.
Segato, R., *La guerra contra las mujeres,* Buenos Aires, Prometeo Libros, 2018.
—, *Contra-pedagogias de la crueldad,* Buenos Aires, Prometeo Libros, 2018.
Silveira, M. J., *Eleanor Marx, hija de Karl,* Tafalla, Txalaparta, 2006.
Traverso, E., *Las nuevas caras de la extrema derecha,* Buenos Aires, Siglo XXI Editores.
Tristán, F., *La Unión obrera,* De Barris, 2006.
Vance, C., *Placer y peligro. Explorando la sexualidad femenina,* Madrid, Talasa, 1989.
Vogel, L., *Marxism and the Oppression of Women: Toward a Unitary Theory,* Historical Materialism Ed., 1983 (edición revisada 2013).
Wikander, U., *De criada a empleada. Poder, sexo y división del trabajo (1789-1950),* Madrid, Siglo XXI de España Editores, 2016.
Zetkin, C., *La cuestión femenina y el reformismo,* Barcelona, Anagrama, 1976.
—, *Recuerdos sobre Lenin,* México, Grijalbo, 1975.

ÍNDICE

Agradecimientos... 5
Prólogo, por Andrea D'Atri.. 7

I. EL FEMINISMO NEOLIBERAL DE ANA BOTÍN Y LOS TECHOS DE CRISTAL... 11

Un imperio financiero con rostro de mujer, 14 – Margaret Thatcher, la Dama de Hierro del neoliberalismo, 17 – Posmodernidad y feminismo, relaciones peligrosas, 21 – Las guerras culturales del neoliberalismo progresista, 26.

II. LA CLASE OBRERA TIENE ROSTRO DE MUJER. SUELOS PEGAJOSOS PARA LAS *KELLYS*................................... 31

Feminización mundial de la fuerza de trabajo, 34 – Del hogar al trabajo: un poco de historia, 37 – Renovada división sexual del trabajo, bajo un modelo de precariedad, 40 – Brecha salarial y precariedad: «igualdad» ante la ley, desigualdad ante la vida, 42 – Una nueva generación de trabajadoras al frente, 46.

III. LA CRUZADA ANTIGÉNERO DE LA EXTREMA DERECHA........... 53

Del Vaticano a Donald Trump: todos contra la «ideología de género», 55 – Familia heteropatriarcal y propiedad privada, 60 – Islamofobia de género, prohibiciones no muy feministas, 63.

IV. MIGRANTES: TRIPLEMENTE OPRIMIDAS, TRIPLEMENTE COMBATIVAS... 69

Fresas con sangre: el feminismo será antirracista o no será, 69 – Mujeres migrantes: las «no ciudadanas» del mundo, 73 – Racismo, capitalismo e imperialismo, 79.

V. Cuidados, trabajo reproductivo y doble jornada 85

¿Por qué somos las mujeres las que cuidamos y limpiamos?, 85 – Crisis de los cuidados: recortes del Estado de bienestar y «malestar» en los hogares, 88 – Doble jornada: trabajo doméstico y trabajo asalariado, 91 – Trabajadoras del hogar y cadena global de cuidados, 94 – Hacia la socialización del trabajo reproductivo, 98 – Algunos apuntes sobre la reproducción social, 100.

VI. Sus violencias, nuestra lucha 107

Violencia, Estado y punitivismo, 110 – «Esto es una guerra»: ¿de quién contra quién?, 114 – El Me Too de las trabajadoras, 118 – #NoEstásSola, 124.

VII. El debate sobre la prostitución: una posición alternativa a los dos campos en disputa 127

Un tormentoso debate histórico: regulacionistas y abolicionistas en el siglo XIX, 128 – Puritanismo y moral sexual, 130 – La prostitución, una institución patriarcal al servicio del gran negocio capitalista, 133 – Abolicionistas y regulacionistas, ¿en la trampa del Estado capitalista?, 135 – Una posición alternativa para terminar con la explotación sexual, 140.

VIII. Feminismo, liberación sexual y diversidad 145

Pinkwashing, orgullo y orgullo de clase, 150 – Capitalismo y sexualidad, entre Tinder y la precariedad, 153.

IX. ¿Qué es la interseccionalidad? 159

Interseccionalidad y feminismos negros, 160 – Hacia una retirada de la política de clase, 164 – Feminismo, clase y diversidad, 167.

X. Sin las trabajadoras, no hay revolución 171

Huelga de mujeres y huelga general, 174 – ¿Clase sin género o género sin clase?, 178 – Una escuela de lucha de clases, 183.

XI. POR EL PAN Y POR LAS ROSAS.. 187

Nuevos debates por un feminismo anticapitalista, 189 – Rosa Luxemburgo, cien años después, 193 – Revisitando el debate de feminismo y marxismo, 196 – Más allá del capitalismo, 202.

Bibliografía... 209

Daniel Bernabé

9.ª EDICIÓN

LA TRAMPA DE LA DIVERSIDAD

Cómo el neoliberalismo fragmentó la identidad de la clase trabajadora

A FONDO

978-84-460-4612-7
256 pp.

¿Cómo hemos llegado a esta paradoja en la que los defensores del orden establecido pasan por políticamente incorrectos y los que parecen enfrentarse a él acaban siendo prescriptores de guías de buenas maneras? ¿Existe una sobredimensión de la ofensa o, por contra, la derecha ha sabido aprovechar la contradicción de una izquierda capaz de influir en los consensos sociales de los conflictos pero no en sus causas?
El activismo se esfuerza en buscar las palabras adecuadas para marcar la diversidad, creando un entorno respetuoso con nuestras diferencias mientras el sistema nos arroja por la borda de la Historia. Ya no se busca un gran relato que una a personas diferentes en un objetivo común, sino exagerar nuestras especificidades para colmar la angustia de un presente sin identidad de clase.

Ángel Munárriz

IGLESIA S.A.
Dinero y poder de la multinacional vaticana en España

3.ª EDICIÓN

A FONDO

978-84-460-2808-6
360 pp.

La Iglesia católica española sobrevive gracias a que el erario público dedica una ingente cantidad de recursos al pago de su estructura. En su dimensión política, se dedica a frenar cualquier empeño social o moralmente emancipador. En la económica, es al mismo tiempo una empresa en rescate público permanente y una potente sociedad que opera a resguardo del radar del fisco siguiendo el manual del neoliberalismo.

Aferrada a unos privilegios entregados por el franquismo como botín de guerra, se beneficia del régimen fiscal de una ONG para desplegar una actividad mercantil tan discreta como profesionalizada. Más parecida al Opus que a Cáritas, más a los kikos que a los franciscanos, más a Wojtila que a Bergoglio, más a la banca vaticana que al monte de piedad, la Iglesia española es hoy una institución apartada de sus fines vocacionales.

Carlos Sánchez Mato
Eduardo Garzón Espinosa

919 DÍAS ¡SÍ SE PODÍA!

Cómo el Ayuntamiento de Madrid puso la economía al servicio de la gente

A FONDO

978-84-460-4829-9
352 pp.

Desde 2015 hasta 2019, por primera vez en nuestro último periodo democrático la izquierda ha tenido la responsabilidad de gobierno en la capital de España. Y esa oportunidad ha permitido rebatir con contundencia el mantra, tan extendido, de que la derecha es la única capaz de gestionar con eficacia los recursos públicos y de resolver los excesos en que la izquierda cae cuando plantea cómo redistribuir el crecimiento económico.

En este libro, los protagonistas de esa gestión relatan los hitos más sonados e importantes del gobierno de la ciudad de Madrid y explican de forma clara y pedagógica, con abundantes datos, cómo fue posible no sólo reducir la deuda pública y sanear las cuentas, sino, sobre todo, el haberlo hecho compatible con un gran incremento del gasto y la inversión social.

Pablo Castaño (coord.)

DE LAS CALLES A LAS URNAS

Nuevos partidos de izquierda en la Europa de la austeridad

2.ª EDICIÓN

A FONDO

978-84-460-4750-6
208 pp.

La crisis financiera y económica iniciada en 2008 provocó en Europa un terremoto político sin precedentes en las últimas décadas. Millones de personas salieron a las calles entre 2011 y 2014 con dos demandas fundamentales: más democracia y el fin de las políticas neoliberales que habían provocado la crisis de 2008, la mayor quiebra del capitalismo mundial desde el crack del 29. El llamado «movimiento de las plazas» provocó importantes transformaciones en los sistemas políticos europeos, entre las que destaca la aparición de nuevos partidos políticos de izquierda, definidos por su firme oposición a las políticas de austeridad y un estilo político distinto del de los partidos poscomunistas.